열정 교사의 AI시대 퍼스널 브랜딩 전략

교실 안팎에서 나를 브랜드로 만드는 실천 가이드

열정 교사의 AI시대 퍼스널 브랜딩 전략

펴낸날 초판인쇄 2025년 6월 5일

글쓴이 김준기
펴낸곳 도서출판 창조와 지식
인쇄처 (주)북모아

출판등록번호 제2018-000027호
주소 서울특별시 강북구 덕릉로 144
전화 1644-1814
팩스 02-2275-8577

ISBN 979-11-6003-889-7(13370)

정가 16,000원

열정 교사의 AI시대 퍼스널 브랜딩 전략

교실 안팎에서 나를 브랜드로 만드는 실천 가이드

김준기 지음

AI 시대, 교사의 브랜드는 선택이 아니라 생존 전략이자 성장의 방향입니다.

빠르게 변화하는 교육 환경 속에서 교사는 단지 지식을 전달하는 역할을 넘어서, **'나만의 철학과 태도로 신뢰를 쌓아가는 브랜드 존재'**로 거듭나야 합니다.

이 책은 수업, 소통, 콘텐츠, 기술, 윤리, 협업 등 교실 안팎에서 펼쳐지는 다양한 실천을 통해 교사 스스로를 브랜딩하는 구체적인 방법을 안내합니다. 단단한 신념 위에 유연한 표현을 더해, 진정성 있는 브랜드가 교사로서의 삶을 어떻게 변화시키는지 함께 탐색해 봅니다.

생각해 볼 질문

Q. 당신이 교사라는 직업을 선택한 이유는 무엇인가요?

Q. 그 이유가 지금의 당신을 어떻게 설명해주고 있나요?

AI 시대, 나다운 교사의 길을 묻다.

교사의 존재감이 흔들리는 시대

"선생님, 요즘 AI가 다 가르쳐 준다는데, 우리가 공부할 이유가 뭐예요?" 한 고등학교 교사가 들려준 이 질문은 단순한 호기심이 아닙니다. 수업 중 한 학생은 교사의 설명 대신 태블릿으로 AI에게 문제를 묻고, 그 답을 친구와 비교하며 신뢰를 표현합니다. "선생님 말이랑 다르네. 얘가 더 정확한 것 같아."

이처럼 교사의 권위보다 AI의 정답성이 더 신뢰받는 현실은 교사들에게 깊은 고민을 안겨주고 있습니다. 우리는 지금, 새로운 시대의 물음 앞에 서 있습니다. "AI 시대에도 나는 어떤 교사로 기억될 수 있을까?" 이 물음은 교사로서 자존감을 잃지 않으면서도 변화하는 교육 환경에 적응하려는 내면의 싸움으로 이어집니다. 이 싸움은 지금도 교단 곳곳에서 조용히, 그러나 치열하게 벌어지고 있습니다.

경기도 중학교에서 근무 중인 김 교사는 "아이들에게 감동을 주고 싶지만, 교과 내용보다 영상이 더 익숙한 아이들에게 어떻게 다가가야 할지 막막해요." 또 한 교사는 "교육 자료도, 평가도 다 플랫폼에서 해결되니, 내가 교사로서 존재감을 드러내야 할 이유가 사라지는 것 같아요."라고 이야기합니다. 이러한 고민은 단지 기술에 대한 두려움이 아니라, 교사로서의 정체성과 방향성을 찾으려는 몸부림입니다.

이제는 교실 안에서뿐 아니라, 가정통신문, 학부모 상담, 지역사회와 온라인까지 포함한 교실 밖에서도 나를 드러내야 하는 시대가 되었습니다. 다양한 채널에서 교사의 존재는 더 많은 시선을 받습니다. 우리는 교실의 문을 열고, 사회로 나아가야 합니다. 교사라는 브랜드는 학생뿐만 아니라 학부모, 동료 교사, 그리고 지역사회와 온라인 속에서도 살아 움직입니다.

퍼스널 브랜딩, 선택이 아닌 생존 전략

많은 교사들이 '퍼스널 브랜딩'이라는 말을 들으면, "그건 유명 강사나 유튜버 얘기지요"라며 거리를 둡니다. 하지만 지금은 단지 수업을 잘하는 교사보다, 왜 이 수업을 하는지 설명할 수 있는 교사가 주목받는 시대입니다.

퍼스널 브랜딩은 교사가 중요하게 여기는 교육 철학과 가치를 교실 안팎에서 드러내는 실천입니다. 수업, 학급 운영, 학부모와의 소통, 온라인 활동 등 다양한 방식으로 자신의 철학을 일관되게 표현하면서 교사로서의 정체성을 명확히 보여주는 과정입니다

브랜딩은 더 이상 선택이 아닙니다. 교사의 교육 철학은 교실

에서만 적용되는 것이 아닙니다. 학부모 상담에서의 한마디, 온라인 학급 공지의 어조, 졸업 후 이어지는 학생들과의 연락에서도 교사의 브랜드는 나타납니다.

이 모든 접점은 교사가 의식적으로 설계하고 표현할 때 더욱 힘을 발휘합니다. 최근 교권 침해와 과도한 민원으로 인해 교사의 자율성이 위축되고, 사명감마저 흔들리고 있습니다. 퍼스널 브랜딩은 단지 자신을 드러내는 일이 아니라, 교육 철학과 정체성을 지키는 내면의 힘이 되어야 합니다.

최근 OECD 조사에 따르면 한국 교사의 역량은 평균 이하였습니다. 이는 경고이자자 새로운 가능성의 신호입니다

AI 시대에는 기술 활용 역량뿐 아니라, 철학 있는 소통, 지속적인 성찰, 협력적 실천이 교사의 전문성을 구성합니다. 퍼스널 브랜딩은 이러한 요소들을 바탕으로 교사가 스스로 성장하고, 존재 가치를 높여가는 하나의 전략이자 실천입니다.

선택받는 교사의 시대

AI가 교사의 일부 역할을 대신하기 시작했습니다. 자동 채점, 콘텐츠 제작, 개인 맞춤형 학습 제공 등 AI 기술이 교실 현장에 적용되며, 교사의 역할이 점점 변화하고 있습니다. 그러나

이런 흐름 속에서 오히려 교사의 진짜 가치는 더 주목받고 있습니다. 지식을 전달하는 것은 누구나 할 수 있지만, 학생을 이해하고 마음을 읽으며 성장을 돕는 일은 교사만이 할 수 있는 고유한 역할입니다.

"학생들이 나를 어떤 교사로 기억하길 바라는가?"
"내가 전하고 싶은 가치는 무엇이며, 그것이 수업과 관계에 담겨 있는가?"

이 질문에 답하는 순간, 교사의 브랜드는 시작됩니다. 교사로서의 태도, 철학, 실천이 모여 '나다운 교사'라는 이미지로 형성되고, 교실 안과 밖으로 확장되는 것, 이것이 퍼스널 브랜딩입니다.

학생들은 교실 안에서뿐 아니라 밖에서도 교사의 태도를 관찰합니다. 동아리, 체험학습, 졸업 후 SNS 소통까지, 교사는 언제 어디서나 교육자로 기억됩니다. 그래서 브랜드는 늘 살아 움직이는 것입니다.

열정 교사로부터 시작된 변화

이 책은 다양한 '열정 교사'들의 이야기에서 출발합니다. 수업 기록을 통한 학부모 소통, 프로젝트 수업으로 지역사회와 연결된 사례 등 교사들은 일상 속 실천을 통해 자신의 브랜드를 만들어갑니다.

이들의 공통점은 화려한 성과가 아닌 '교사로서 나답게 살아가는 삶'입니다. 이 책은 그런 삶의 태도를 브랜드로 구조화하고, 교실 안과 밖에서 넓히는 방법을 안내합니다. 수업 소개, 학급 규칙, 온라인 공유, 학부모와의 상담 노하우, 지역사회 행사 참여 방법까지 구체적인 실천법도 제시합니다. 교사로서의 브랜드는 일상의 대화와 졸업생과의 관계처럼 삶 전반에서 드러납니다. 그래서 브랜딩은 교사의 삶과 교육을 잇는 다리입니다.

함께 걷는 퍼스널 브랜딩 여정

『열정 교사의 AI 시대 퍼스널 브랜딩 전략』은 총 12장으로 구성되어 있으며, 다음과 같은 여정으로 독자와 함께합니다.

① 나를 돌아보기 - 교사로서의 정체성과 내면의 질문을 성찰합니다

.② 철학을 언어화하기 - 교육 철학을 한 문장으로 정리해 수업과 운영에 녹입니다.

③ 수업과 관계에 철학 담기 - 수업과 학생, 동료와의 관계에 브랜드를 드러냅니다.

④ 교실 밖으로 확장하기 - 블로그, SNS, 학부모 소통 등 교실 바깥으로 브랜드를 확장합니다.

⑤ AI 시대의 전략 세우기 - AI와 공존하며 교사의 가치를 지키는 전략을 모색합니다.

⑥ 브랜딩을 지속하는 루틴 만들기 - 브랜딩을 일상화하고 지속적으로 성장하는 방법을 소개합니다.

각 장은 이론보다 교사의 실제 경험과 실천 활동을 중심으로 구성되어 있으며, 사례 탐구와 질문, 교실 적용을 통해 스스로를 정리할 수 있도록 돕습니다. 마지막에는 자신의 브랜드를 구체화할 수 있는 실습형 워크북이 수록되어 있습니다

지금, 당신은 어떤 교사로 기억되고 싶으신가요? 이 책은 그 질문에 답하며, 교실 안팎에서 브랜드를 실천하고 확장하는 여정에 함께할 것입니다.

기술이 아닌 사람, 지식이 아닌 철학, 결과보다 과정을 중시하는 교사의 길.

학생과의 인사, 태도 칭찬, 실수 앞의 대화처럼 작은 실천 속에도 교사의 브랜드는 드러납니다. '길은 걷는 자의 것', '말은 씨가 된다'라는 속담처럼, 오늘의 실천이 당신을 브랜드로 만들어 갈 것입니다.

이제 교실 안팎 모두에서 교육자로서 존재를 드러내는 일은 선택이 아니라 시대의 요청입니다. 이 책은 바로 그 실천을 도와줄 든든한 안내서이자 동반자가 되어줄 것입니다.

목차

표 차례

제1장

AI 시대,
교사의 역할이 달라진다.

"AI는 도구다.
교육은 여전히 사람의 일이다."

1-1 AI 시대, 교육의 변화와 전망

1-2 교사와 AI의 공존 준비

1-3 미래 교육을 주도할 교사의 조건

AI는 교육을 바꾸고 있으며,
교사는 단순 전달자가 아닌
'관계와 설계의 전문가'로 진화해야 합니다.

AI 기술의 급속한 확산은 교사에게 새로운 전문성과 인간 중심의 역량을 요구하고 있습니다. 단순한 지식 전달자에서 벗어나, 학습을 설계하고 관계를 조율하는 교육 전문가로 거듭나야 합니다.

정서적 코칭, 맞춤형 피드백 설계, 감성 기반 수업 등 새로운 역할이 떠오르고 있습니다. 이 장에서는 AI 시대 교사에게 요구되는 변화된 역할과 구체적 역량을 살펴봅니다.

생각해 볼 질문

Q. AI 시대에 나는 교사로서 어떤 역할을 새롭게 정의하고 있는가?

1-1 AI 시대, 교육의 변화와 전망

"선생님, AI(인공지능)가 제 숙제를 대신해줬어요!"

호기심 많고 말재주가 뛰어난 고등학교 1학년 지호는 수업 시간마다 친구들을 웃기는 재치를 자랑하곤 합니다. 오늘도 특유의 장난기 가득한 얼굴로 손을 번쩍 들고 외쳤고, 교실 안은 웃음과 놀라움으로 가득 찼습니다. 선생님은 부드럽게 미소 지으며 지호에게 물었습니다.

"그럼 그 AI가 너의 생각까지 대신해줄까?"

이 짧은 대화는 단순한 장난을 넘어서, 우리가 직면한 교육의 변화상을 상징적으로 보여주는 장면이었습니다. 실제로 최근에는 점심시간에 친구들과 대화를 나누면서도 AI 챗봇을 활용해 숙제를 해결하거나, AI 기반 학습 도구를 활용해 다음 시간의 예습을 하는 학생들이 점점 많아지고 있습니다. 교실 한편에서는 학생이 태블릿을 들여다보며 AI 튜터와 대화하는 모습이 자연스러운 풍경의 일부가 되었습니다.

AI의 발전은 우리 사회 전반에 혁신을 가져오고 있으며, 교육 분야도 예외는 아닙니다. AI는 교육 방식, 교사의 역할, 그리고 학생들의 학습 경험에 크고 작은 변화를 예고하고 있습니다. 우리는 단순히 지식을 전달하던 시대를 넘어, AI와 함께 배우고 성장하는 시대를 맞이하고 있습니다. 이제 그 변화의 구체적인 모습과 전망을 함께 살펴보겠습니다

AI와 함께하는 맞춤형 학습의 도래

전통적인 교육은 모든 학생에게 동일한 내용을 동일한 방식으로 전달했습니다. 그러나 AI의 도입으로 학생 개개인의 학습 속도, 이해도, 관심사에 맞춘 개별화된 학습이 가능해졌습니다. AI는 학습자의 응답 시간, 오답 유형, 반복 학습 횟수 등 다양한 데이터를 분석해 맞춤형 학습 콘텐츠를 추천합니다. 이러한 분석에는 자연어 처리(NLP), 협업 필터링 추천 시스템, 베이지안 네트워크 등의 기술이 활용됩니다.

2023년 서울시교육청이 시행한 'AI 튜터 시범 운영' 결과, 참여 학생의 70% 이상이 수학 학업 성취도 향상에 긍정적인 변화

를 경험했습니다. 일부 글로벌 학습 플랫폼은 AI를 통해 학생 개개인에게 맞춤형 학습을 지원하고 있습니다. 데이터 기반의 맞춤형 학습은 학생 개개인의 성장 경로를 더욱 세밀하게 지원할 수 있는 가능성을 열어주었습니다.

교사의 역할 변화: 지식 전달자에서 학습 설계자로

AI의 발전은 교사의 역할에도 중대한 전환을 가져왔습니다. 과거에는 교사가 지식을 일방적으로 전달하는 존재였다면, 이제는 학생들의 학습을 설계하고 조력하는 존재로 변화하고 있습니다. 교사는 AI가 제공하는 학습 데이터를 분석하여 학습 상태를 파악하고, 이에 따른 맞춤형 피드백을 제공함으로써 학습 효과를 높일 수 있습니다.

예를 들어, 한 중학교에서는 교사가 AI 분석 결과를 바탕으로 학생별 '학습 진단표'를 작성하고, 부족한 영역은 오프라인 보충 수업으로 보완하는 체계를 구축해 성과를 높이고 있습니다. 교사는 데이터 기반 교육 설계자이자 인간적인 가이드로서, AI와 협력하는 중요한 위치에 서게 되었습니다.

또한, 한 고등학교에서는 교사가 AI를 활용해 학생 개개인의 학습 이력을 정기적으로 점검하고, 개별 상담을 통해 학습 계획을 조정하는 방식을 채택하고 있습니다. AI 분석 결과를 바탕으로 주간 학습 목표와 연계한 그룹 활동을 설계하여 학생들 간의 협업 능력을 키우고 있습니다.

교육 내용과 방식의 혁신

AI 시대에는 교육의 내용과 방식 또한 새로운 방향으로 나아가야 합니다. 단순한 지식 암기에서 벗어나 창의력, 비판적 사고, 문제 해결 능력, 협업 능력 등 인간 고유의 역량을 키우는 것이 핵심 과제가 되었습니다. 이는 미래 사회에서 학생들이 단순 지식보다 '생각하는 힘'을 바탕으로 문제를 해결하고 새로운 가치를 창출해야 하기 때문입니다.

학제 간 융합 교육, 프로젝트 기반 학습, 자기 주도적 학습 환경이 점차 확산되고 있습니다. 일부 고등학교에서는 학생들이 AI 플랫폼을 통해 자신이 설정한 목표에 따라 과제를 선택하고 주간 학습 계획을 수립하는 시스템을 운영하고 있습니다. 이는 학생의 흥미와 자율성을 반영하며, 학습에 대한 몰입도를 높이는 데 큰 효과를 보이고 있습니다.

교사는 이러한 과정에서 학생들과 1:1 피드백을 주고받으며 학습 동기를 북돋고 방향을 조정해 줍니다. 교육학자 존 듀이(John Dewey)의 말처럼, "교육은 삶을 위한 준비가 아니라, 삶 그 자체"라는 철학이 실천되고 있습니다. 학생이 스스로 배우고 성장할 수 있도록 돕는 것이 AI 시대 교사의 중요한 사명 중 하나입니다.

열정교사의 AI 활용 전략과 교육의 미래

AI 기술은 앞으로도 교육 현장에 많은 변화를 가져올 것입니다. 국내 에듀테크 기업 '뤼이드(Riiid)'*는 학생들의 오답 패턴과 취약 개념을 실시간으로 분석하여 맞춤형 학습 콘텐츠를 제공하고 있습니다. 이 시스템은 학습 부진 학생들의 개별 보완에 효과적이며, 학습 격차를 줄이는 데 기여하고 있습니다.

맞춤형 학습, 자동화된 평가, 교육 콘텐츠 생성 등 다양한 영역에서 AI가 혁신을 이끌고 있으며, 이는 교육의 접근성과 효율성을 높이는 데 큰 역할을 합니다. 교사들은 반복적인 행정 업무에서 해방되어 학생 개개인에게 집중할 수 있는 시간을 확보하게 되었고, 이는 교육의 질 향상으로 이어집니다.

그러나 이 변화 속에서도 교사의 존재는 여전히 중심적입니다. AI 기술은 어디까지나 학습 보조 도구일 뿐, 인간적인 소통과 정서적 지도를 대신할 수는 없습니다. AI가 기술적 분석과 콘텐츠 추천을 담당한다면, 교사는 학생의 감정과 상황을 고려한 지도와 격려를 통해 균형을 맞추는 조력자의 역할을 해야 합니다.

AI 시대, 교육의 새 길 열기

우리는 지금 교육의 본질적인 방향과 방식이 다시 정의되는 전환점에 서 있습니다. AI의 도입은 단순한 기술적 변화에 그치지 않고, 교사와 학생, 교육 철학 전반에 근본적인 질문을 던지고 있습니다.

---

* 뤼이드(Riiid): 인공지능 기반의 교육 솔루션을 개발하는 한국의 에듀테크 기업으로, 개별 학습자의 데이터를 분석하여 맞춤형 학습 경로를 제시하는 AI 튜터링 시스템을 제공한다. 대표 서비스로는 토익 학습 앱 '산타토익'이 있다.

앞으로의 교육은 더 이상 일방적 전달이 아니라, 협력적이고 맞춤화되는 과정이 되어야 합니다. 이를 위해 미래 교육에서는 디지털 리터러시*, 데이터 해석 능력, 감정 인식 및 조절 능력, 협업 및 소통 능력 등 복합적인 역량이 필수적으로 요구됩니다.

학생들은 AI와의 상호작용을 통해 정보를 분석하고 문제 해결을 위한 창의적 접근을 시도해야 합니다. 또한 다양한 사회적 관계 속에서 소통하는 능력을 기르는 것도 중요합니다. 교사는 AI와 함께 학생의 성장을 돕는 동반자로서의 정체성을 갖고, 학생은 AI와 교사의 조언을 바탕으로 자기 주도적 학습자로 성장해야 합니다.

이러한 변화에 능동적으로 대응하고 기술과 인간이 조화를 이루는 교육 환경을 만들어간다면, 우리는 더욱 풍요롭고 의미 있는 학습 경험을 모든 학생에게 제공할 수 있을 것입니다. AI 시대의 열정 교사는 단순한 수업자나 관리자를 넘어, 교육의 미래를 이끄는 퍼스널 브랜더로 자리매김하게 될 것입니다.

---

* 디지털 리터러시(Digital Literacy): 디지털 기술과 정보를 비판적으로 이해하고, 효과적으로 활용하며, 윤리적으로 소통할 수 있는 능력을 의미한다. 단순한 기기 조작을 넘어, 정보 분석, 콘텐츠 생성, 온라인 소통, 디지털 시민성까지 포함된다.

1-2 교사와 AI의 공존 준비

새로운 시대의 서막

어느 날, 한 중학교 교실에서 수업이 진행되고 있었습니다. 학생들은 각자 태블릿을 통해 AI 기반 학습 프로그램에 접속하고, 선생님은 그 옆에서 학생들의 학습 상황을 모니터링하고 있었습니다. 화면에 표시된 데이터는 학생들의 이해도와 학습 패턴을 실시간으로 분석해 주었고, 선생님은 이를 바탕으로 개별 학생에게 맞춤형 피드백을 제공하는 데 집중했습니다. 이 모습은 AI와 교사가 함께 만들어가는 새로운 교육의 장을 보여주고 있습니다.

AI 기술이 교육 현장에 도입되면서, 교사의 역할은 단순한 지식 전달자가 아닌, 학생의 학습을 지원하고 이끌어주는 멘토로 변화하고 있습니다. 이러한 변화는 기술의 발전을 넘어 교육의 본질을 재조명하고 있습니다. 과연 교사와 AI는 어떻게 공존할

수 있을까요? 이 질문은 앞으로의 교육에서 매우 중요한 문제가
될 것입니다.

변화하는 교육의 환경

AI의 발전은 교육의 전반적인 환경을 변화시키고 있습니다. 예를 들어, 영국의 한 연구에서는 AI 기반 학습 도구를 활용한 학생들이 전통적인 학습 방식으로 공부한 학생들보다 성적 향상이 두드러진 것으로 나타났습니다. 이 연구는 800명의 초등학생을 대상으로 진행되었으며, AI 도구를 활용한 그룹이 평균 30% 더 높은 성과를 기록했습니다. AI는 학생의 학습 스타일과 진도를 분석하여 적절한 자료를 제공할 수 있습니다.

예를 들어, AI는 학생의 이해도를 평가하고, 필요한 경우 추가 학습 자료를 추천하여 학생이 어려워하는 개념을 보완할 수 있도록 돕습니다. 이러한 맞춤형 접근 방식은 학습의 효율성을 높이며, 학생들이 자신감을 가지고 학습에 임할 수 있도록 합니다.

AI의 이러한 기능은 특히 다양한 배경을 가진 학생들이 모인 교실에서 큰 장점을 제공합니다. 언어적 배경이나 학습 능력의 차이가 있는 학생들에게 동일한 교육을 제공하는 것이 어려운 경우가 많습니다. 하지만 AI는 각 학생의 학습 스타일을 분석하여, 그에 맞는 자료와 문제를 제공함으로써 학습 격차를 줄이는 데 기여할 수 있습니다.

인간 교사의 고유 가치

AI 기술이 교육에 많은 기여를 하고 있지만, 인간 교사의 고유한 가치는 절대로 사라지지 않습니다. 교사는 학생과의 깊은 관계를 형성하고, 그들의 정서적 및 사회적 발달을 지원하는 역할을 합니다. 연구에 따르면, 교사와 학생 간의 긍정적인 관계는 학생의 학업 성취에 직접적인 영향을 미친다고 합니다. 특히, 정서적 지지가 학습 동기를 높이는 데 중요한 역할을 한다는 점은 간과할 수 없습니다. 이는 교사가 학생의 심리적 상태를 이해하고, 그에 맞는 적절한 지원을 제공할 수 있기 때문입니다.

미국 교육 심리학자 캐롤 드웩(Carol Dweck)은 "학생들이 도전 과제를 마주했을 때, 교사의 격려와 지지가 학생의 성장 마인드셋을 형성하는 데 중요한 역할을 한다"라고 강조했습니다. 교사가 제공하는 감정적 지지는 학생들이 실패를 두려워하지 않고, 다시 시도할 수 있는 용기를 줍니다. 이러한 정서적 지원은 AI가 대체할 수 없는 중요한 요소입니다.

AI가 제공하는 데이터와 분석 기능은 교사가 학생의 강점과 약점을 파악하는 데 도움을 줄 수 있지만, 교사는 그 데이터를 바탕으로 개별 학생에게 맞춤형 지도를 제공해야 합니다. 이러한 과정에서 교사는 학생의 정서적 요구를 충족시키고, 그들의 잠재력을 최대한 이끌어낼 수 있습니다.

AI와의 효과적인 협력

교사와 AI의 협력은 교육의 질을 높이는 데 중요한 요소입니다. AI는 학생의 학습 스타일과 진도를 분석하여 적절한 자료를 제공할 수 있습니다. 교사는 이를 바탕으로 학생과의 심화 학습을 통해 더욱 깊이 있는 학습을 유도할 수 있습니다. AI가 제공하는 학습 진단 결과를 통해 교사는 학생의 이해도를 평가하고, 필요한 경우 추가 지원을 제공할 수 있습니다.

경기도 수원의 한 초등학교에서는 시범으로 AI 기반 학습 시스템*을 도입하여 학생들에게 맞춤형 수학 문제를 제공했습니다. 이 시스템은 학생의 성향과 학습 속도에 따라 문제의 난이도를 조절하며, 학생들이 어려워하는 문제를 반복적으로 푸는 방식으로 학습을 도와주었습니다. 결과적으로, 해당 학교의 학생들은 수학 성적이 평균 30% 향상되었고, 교사들은 학생들과의 교류 시간을 늘릴 수 있었습니다. 이와 같은 사례는 AI와 교사가 협력할 때, 학생들이 더욱 효과적으로 학습할 수 있음을 잘 보여줍니다.

AI는 또한 교사의 시간을 절약해줍니다. 과제 채점이나 출석 체크와 같은 반복적인 작업을 AI가 처리함으로써, 교사는 학생과의 상호작용에 더 많은 시간을 할애할 수 있습니다. 이러한 변화는 교사의 전문성을 더욱 강조하는 기회를 제공합니다.

---

* AI 기반 학습 시스템 : 인공지능이 학습자의 수준과 반응을 분석해 맞춤형 학습 콘텐츠와 피드백을 제공하는 교육 플랫폼입니다.

균형 잡힌 접근의 중요성

AI의 도입이 교육에 긍정적인 변화를 가져오지만, 몇 가지 우려 사항도 존재합니다. 학생들이 AI에 지나치게 의존하게 되면 비판적 사고 능력이 저하될 수 있으며, 이는 교육의 본질을 위협할 수 있습니다. 따라서 교사들은 AI를 도구로 활용하면서도, 학생들이 스스로 사고하고 학습하는 능력을 키울 수 있도록 지도해야 합니다. AI가 제공하는 정보와 자료는 유용하지만, 학생들이 그 정보를 비판적으로 분석하고 응용할 수 있는 능력을 기르는 것이 중요합니다.

또한, 기술 접근성의 불균형 문제도 고려해야 합니다. 모든 학생이 동일한 자원에 접근할 수 있는 것은 아니며, 교사들은 이러한 격차를 해소하기 위해 노력해야 합니다. 예를 들어, 경기도 안성의 한 초등학교에서는 태블릿을 활용한 AI 기반 원격 수업을 통해 도서 지역 학생들과 도심 지역 학생들의 학습 격차를 해소하고 있습니다.

미래를 향한 교사의 역할

AI 시대의 교육은 교사에게 새로운 기회를 열어주고 있습니다. 이러한 기회를 효과적으로 활용하기 위해서는 교사 대상의 연수와 재교육이 필수적입니다. AI 도구의 원리와 활용법을 숙지하고, 변화하는 교육 환경에 능동적으로 대처할 수 있도록 지속적인 전문성 개발이 요구됩니다. AI와의 협력을 통해 교육의 질을 향상시키고, 학생들의 다양한 요구에 부응할 수 있습니다. 중요한 것은 AI를 두려워하거나 경쟁 대상으로 삼는 것이 아니라, 교육의 동반자로서 받아들이는 자세입니다.

앞으로의 교사는 끊임없이 변화하는 교육 환경에 적응하고, 학생 중심의 학습을 설계하는 역량을 갖추어야 합니다. AI와의 공존은 단순한 기술 활용을 넘어, 인간적 교육의 가치를 지켜나가는 실천적 선택입니다. 교사의 이런 노력이야말로 학생들이 미래를 설계하는 데 있어 든든한 밑거름이 될 것입니다.

1-3 미래 교육을 주도할 교사의 조건

교실의 첫날, 달라진 풍경

2029년 봄, 어느 중학교 1학년 교실입니다. 교탁 앞에는 따뜻한 미소를 짓고 계신 담임교사와 그 옆에서 부드러운 음성으로 출석을 부르는 AI 도우미 로봇이 함께 서 있습니다. 이 AI 로봇은 학생 출결을 자동으로 기록하고, 교사의 지시에 따라 수업을 보조하는 역할을 하고 있습니다. 칠판 대신 '인터랙티브 월'*이 설치되어 있고, 학생들은 개인화된 학습 데이터가 담긴 태블릿을 꺼내 듭니다.

이제 이러한 풍경은 우리에게 먼 미래가 아닙니다. 교육의 판도가 실제로 바뀌고 있습니다. 그러나 그 속에서도 변하지 않는 핵심은 바로 '사람'입니다. 아무리 첨단 기술이 도입되고 AI가

---

* 인터랙티브 월(Interactive Wall)은 사용자의 터치, 제스처, 소리 등 다양한 입력에 반응하여 상호작용하는 디지털 벽면입니다. 대형 디스플레이, 센서, 프로젝션 기술, 그리고 인터랙티브 소프트웨어를 결합하여 물리적 공간을 몰입형 디지털 경험으로 전환합니다.

학습을 지원하더라도, 교사의 존재는 여전히 중심에 있으며 그 가치가 더욱 부각되고 있습니다.

AI 도입으로 변하는 교육의 지형도

AI 기술이 본격적으로 교육 현장에 적용되면서 전통적인 수업 방식이 빠르게 변화하고 있습니다. 맞춤형 학습, 자동 채점, 학습 데이터 분석 등은 다양한 교육 플랫폼을 통해 구현되고 있습니다. 2023년 UNESCO 보고서에 따르면 전 세계 교육기관의 48%가 AI 기반 학습 시스템을 도입했으며, 특히 아시아 태평양 지역의 도입률이 가장 빠르게 증가하고 있다고 합니다.

[표 1] 주요 국가별 AI 기반 교육 시스템 도입률 (2023)>

국가	중국	한국	일본	미국	인도	영국	독일
도입률 (%)	85%	80%	75%	70%	65%	62%	60%

이러한 기술 변화는 교사의 행정 업무를 경감시키는 동시에, 전문성과 인간적인 역량을 더욱 중요하게 만들고 있습니다. AI가 수업 자료 준비, 채점, 출결 관리 등 반복적인 업무를 자동화함으로써, 교사는 학생들과의 소통, 개별 상담, 정서적 지원에 더 많은 시간을 할애하실 수 있습니다.

기술을 잘 활용하는 능력뿐만 아니라, 공감력, 판단력, 학생의 특성과 맥락을 이해하는 통찰력이 더욱 필요해졌습니다. AI는 빠르고 정확하게 정보를 전달할 수 있지만, 학생의 감정을 읽고, 학습 동기를 부여하며, 관계를 조율하는 역할은 오직 교사 여러분만이 하실 수 있습니다.

한국 초등교육 현장에서의 변화 사례

서울 강서구의 한 초등학교에서는 2024년부터 5학년 교실에 AI 학습 보조 시스템을 시범 운영하고 있습니다. 교사는 이를 통해 학생들이 자신에게 맞는 피드백을 받아 학습에 자신감을 얻고 있다고 합니다. 해당 시스템은 학생별 진도와 이해도를 분석해 개인화된 복습 자료를 제공하며, 교사는 AI 분석 자료를 바탕으로 학생의 학습 상황을 파악하고 정서적 지원에 집중합니다. 수업 중에는 협업을 유도하고 학습 분위기를 조율하며 학생의 동기를 북돋는 역할을 하고 있습니다.

이 사례는 AI가 교사의 전문성을 대체하는 것이 아니라, 교육적 통찰력을 확장시키는 도구로 기능할 수 있음을 잘 보여줍니다. 예컨대, 교사는 데이터 분석을 통해 학생의 성취 수준과 취약점을 빠르게 파악하고, 정서적인 격려와 구체적인 학습 지도를 제공하실 수 있습니다. 실제로 한 교사는 "AI가 반복적인 업무를 줄여줘서 학생에게 더 집중할 수 있게 되었습니다"라고 이야기합니다.

인간 교사의 가치, 다시 조명받다

AI는 교육 플랫폼에서 학습 데이터를 분석하고 피드백을 자동으로 제공하는 데 강점을 보이고 있지만, 교육의 본질은 결국 사람과 사람 사이의 관계에서 비롯됩니다. 정서적 지지, 진로 멘토링, 학습 동기 부여 등은 여전히 교사의 공감력과 인간적 통찰에서 나오는 고유한 역할입니다.

한 연구에 따르면 정서적 유대가 강한 교사와 함께한 학생들은 그렇지 않은 경우보다 학업 성취도가 20% 이상 높게 나타났다고 합니다(한국교육개발원, 2022). 이는 교사의 정이 담긴 한마디 격려와 관심이 얼마나 큰 영향을 줄 수 있는지를 보여주는 사례입니다.

퍼스널 브랜딩을 위한 미래 교사의 핵심 역량

AI 시대의 교사는 어떤 조건을 갖추어야 할까요?

첫째, AI와 데이터를 수업에 효과적으로 통합하는 기술 활용 능력이 필요합니다.

둘째, AI의 정보에 대해 비판적으로 사고하고 판단할 수 있는 역량도 중요합니다.

셋째, 학생의 감정과 맥락을 이해하고 따뜻하게 소통하는 정서적 공감력이 요구됩니다.

넷째, AI 기술을 활용하면서도 윤리적 기준을 지키는 책임감 있는 태도 역시 필수입니다.

이러한 역량은 하루아침에 만들어지지 않으며, 지속적인 전문성 개발과 자기 성찰이 함께 이루어져야 합니다. 이는 교사로서의 신뢰성과 영향력을 높이는 데 중요한 기반이 되며, 곧 퍼스널 브랜딩 전략의 핵심이기도 합니다.

교사의 감정노동과 기술의 균형

AI 기술이 일부 업무를 자동화하여 교사의 부담을 줄여주지만, 오히려 정서적 지원에 대한 요구는 더욱 커지고 있습니다. 학생의 정서 변화, 가정환경, 또래 관계에서 발생하는 문제들은 교사가 여전히 직접 대응하여야 할 영역입니다. 이러한 일들은 수치화되기 어렵고, 기계가 대체할 수 없는 정서적 노동이기도 합니다.

따라서 학교 차원에서는 교사들의 정서적 부담을 덜 수 있도록 AI와 정서 지원 시스템을 병행하여 운영할 필요가 있습니다. 예를 들어, AI가 학생의 학습 진행 상황을 분석하여 데이터를 제공하면, 교사는 이를 참고하여 정서적 격려나 학습 전략을 보다 효과적으로 제안하실 수 있습니다.

교육의 중심, 교사의 자리

AI는 효율적인 교육을 위한 파트너이지만, 인간 교사의 감성과 판단력은 대체할 수 없습니다. 교사는 단순한 지식 전달자가 아니라, 인간 성장의 촉진자이자 공동체 가치를 실현하는 실천가입니다. AI 시대의 교사는 더 넓은 시야와 풍부한 감성을 바탕으로 학생과의 관계 속에서 따뜻한 리더십을 발휘하여야 합니다.

변화의 물결 속에서도 교사는 학생의 가능성을 발견하고 북돋아 주는 멘토이자, 학습 방향을 제시하는 조정자이며, 공동체 가치를 실천하는 리더로 교육의 중심에 서 있습니다. 기술을 활용하되 의존하지 않고, 교육 철학과 실천을 통해 자신만의 브랜드를 만들어가는 퍼스널 브랜딩된 열정 교사, 이것이 바로 AI 시대, 미래 교육을 이끌 새로운 교사상입니다.

제 2 장

퍼스널 브랜딩의
개념과 핵심 요소

"브랜드는 말보다
반복되는 행동이 만든다."

2-1 퍼스널 브랜딩의 개념과 중요성

2-2 교사에게 필요한 브랜딩 구성 요소

2-3 국내외 사례로 이해하는 브랜딩 전략

교사의 진정성이 드러나는 실천은 곧 브랜드가 되며, 전문성과 소통력이 핵심 자산이 됩니다.

"그 선생님 하면 떠오르는 이미지"는 반복된 실천과 일관된 철학에서 비롯됩니다. 퍼스널 브랜딩은 외형이 아닌 태도와 소통, 그리고 진심에서 시작됩니다. 교실 수업은 물론, SNS 상에서의 피드백, 학부모와의 커뮤니케이션 등도 브랜드를 형성하는 중요한 요소입니다. 이 장에서는 교사의 브랜드를 구성하는 핵심 요소와 그것이 교육에 미치는 영향을 구체적으로 설명합니다.

Q. 나의 평소 말투나 태도는 학생들에게 어떤 인상을 남기고 있을까?

2-1 퍼스널 브랜딩의 개념과 중요성

교무실 구석 책상에서 시작된 변화

서울의 한 중학교 3층 교무실. 복도 창가 쪽 맨 끝자리에 앉아 계신 과학 교사 정민아 선생님은 조용히 실험 보고서를 정리하고 계셨습니다. 누구보다 성실하게 근무하셨지만, 담임도 아니고 학년 부장도 아니었던 그의 존재는 교무실에서 크게 주목받지 못했습니다. 그러나 그는 매일 방과 후, 학생들과 함께 자투리 시간을 활용하여 실험을 반복하고 그 과정을 영상으로 기록해 오셨습니다. 단지 흥미를 유도하기 위한 것이 아니라, '학생들이 과학을 몸으로 느끼게 하자'는 신념 때문이었습니다.

어느 날, 복도 게시판에 정 선생님과 학생들이 함께 만든 실험 영상이 소개되었습니다. 영상 속 아이들의 반짝이는 눈빛과 실험의 생생함은 보는 이들의 마음을 움직였고, '그 수업이 궁금하다'라는 이야기가 교문 밖까지 퍼져나갔습니다. 정 선생님은 어느

새 학생들이 먼저 찾는 분으로, 다른 학교에서도 벤치마킹하려는 교사로 떠오르게 되었습니다. 단지 영상을 올린 것이 아니라, 자신의 교육 신념과 실천을 진정성 있게 표현한 점이 사람들의 마음을 움직인 것입니다. 퍼스널 브랜딩은 결국, 진심이 담긴 꾸준한 실천에서 비롯된다는 것을 보여 준 사례입니다.

퍼스널 브랜딩, 어떻게 이해할 것인가?

퍼스널 브랜딩(Personal Branding)이란 "자신을 하나의 브랜드처럼 인식하고, 자신의 강점과 가치를 타인에게 일관되게 전달하는 활동"을 의미합니다. 기업이 제품을 마케팅하듯, 개인도 자신만의 철학, 전문성, 소통 방식을 통해 고유한 이미지를 형성할 수 있습니다. 그러나 퍼스널 브랜딩은 단순히 외적인 이미지나 SNS* 활동에 그치지 않습니다.

진정한 퍼스널 브랜딩은 자신이 누구인지, 어떤 가치를 지니고 있는지를 성찰하는 '자기 탐색의 과정'에서 시작됩니다. 교사로서 어떤 교육 철학을 가지고 있는지, 학생들과 어떤 관계를 맺고 싶은지를 깊이 고민해 보고 정리하는 시간이 필요합니다. 이러한 자기 성찰 과정을 통해 비로소 타인에게 진정성 있게 전달할 수 있는 브랜드가 형성됩니다. 내면의 가치를 발견하고, 이를 실천과 소통을 통해 표현하는 것이 핵심이라 할 수 있습니다.

---

* SNS(Social Networking Service): 사람들 간의 관계 형성과 정보 공유를 돕는 온라인 기반의 커뮤니케이션 서비스로, 텍스트, 이미지, 영상 등을 통해 사용자들이 소통하고 네트워크를 확장할 수 있는 플랫폼이다.

특히 주목할 점은 '일반적인 퍼스널 브랜딩'과 '교사 퍼스널 브랜딩'은 그 목적과 방향에서 분명히 차이를 보인다는 점입니다. 일반적인 퍼스널 브랜딩이 경쟁 사회에서 개인의 정체성을 드러내고 차별화하는 데 중점을 둔다면, 교사의 퍼스널 브랜딩은 교육 공동체 내에서 신뢰와 존중, 교육적 영향력을 확장하는 데 더 큰 의미를 둡니다. 교사에게 퍼스널 브랜딩은 상업적 목적이 아닌, 학생의 성장을 도우려는 교육적 사명감에서 비롯되며, 그 실천은 교육 현장의 질적 변화를 이끌게 됩니다.

변화하는 교사의 역할과 브랜딩의 필요성

AI 시대에 접어들면서 교사의 역할은 '지식 전달자'에서 '성장 촉진자'로 변화하고 있습니다. 단순한 정보는 검색으로 해결할 수 있는 시대이기에, 교사의 고유한 가치 즉, 관계 맺기, 학습 동기 부여, 창의적 학습 설계는 점점 더 중요해지고 있습니다. 이러한 변화의 흐름 속에서 퍼스널 브랜딩은 교사가 학생들의 삶에 어떤 방식으로 긍정적인 영향을 미치는지를 보여주는 중요한 수단이 됩니다.

해외 사례로는, 핀란드의 교육자 페르티 씨가 '학생과의 눈높이 대화법'으로 주목받아 TED 강연*을 하였고, 그 영상이 퍼지며 전 세계 교육자들과의 협업 기회를 얻게 된 경우가 있습니다.

---

* TED 강연(TED Talk): '퍼뜨릴 만한 가치 있는 아이디어'를 모토로 한 미국의 비영리 재단 TED가 주최하는 강연 시리즈로, 기술, 오락, 디자인 등 다양한 분야의 혁신적 아이디어와 경험을 공유한다.

국내에서도 'SNS 교육일기'를 꾸준히 공유해 온 초등학교 한지혜 선생님이 출판과 강연 요청을 받으며 교육적 영향력을 넓히고 있습니다. 이처럼 퍼스널 브랜딩은 국경을 넘어 교육적 연결을 가능하게 해주는 통로이기도 합니다.

교사의 전문성과 신뢰를 시각화하다.

퍼스널 브랜딩은 단순히 외적인 꾸밈이 아니라, 교사로서 쌓아온 경험과 전문성을 명확히 정리하고, 자신만의 교육 철학과 비전을 구체적으로 표현하는 과정입니다. 아래 도식은 교사 퍼스널 브랜딩의 핵심 요소를 정리한 것입니다.

[표 2] 교사 퍼스널 브랜딩의 핵심 구성 요소

요 소	설명
전문성	특정 교과, 교육 철학, 수업 설계 역량 등 나만의 강점
일관성	수업, 상담, 대인관계 등에서 나타나는 일관된 메시지
소통력	학생, 학부모, 교직원과의 신뢰를 이끄는 소통 방식
비전	내가 꿈꾸는 교육과 변화시키고 싶은 교육 현장
플랫폼	나를 알릴 수 있는 창구: 블로그, 교내 활동, 연구회 등

교사의 말투, 수업 자료, 상담 방식 하나하나가 모두 브랜딩의 요소가 될 수 있습니다. 예컨대, 어떤 교사는 학급 소식지를 직접 디자인하여 매주 배포하는데, 학부모들은 그 교사를 '섬세하

고 소통이 뛰어난 선생님'으로 기억하게 됩니다. 또 다른 교사는 학생의 이름을 자주 불러주는 습관을 통해 수업 참여도를 높이며, 학생들은 '존중받고 있다'라는 인식을 갖고 더 적극적으로 반응하게 됩니다.

이처럼 사소한 행동 하나하나가 교사 평판을 형성하는 중요한 요소로 작용합니다. 예를 들어, 온라인 학습 플랫폼을 통해 개별 피드백을 영상으로 전달하거나, 학급 공지 사항을 감성적인 어투로 작성하는 교사는 '학생을 배려하는 교사'로 인식됩니다. 이러한 일상 속 반복된 실천이 쌓이면, 결국 '그 선생님 하면 떠오르는 이미지'가 자연스럽게 형성됩니다.

교사 브랜딩이 만드는 교육의 선순환

퍼스널 브랜딩은 단순한 자기 홍보가 아닙니다. 진정성 있는 실천이 주변에 긍정적인 영향을 주기 시작하면, 그것은 하나의 문화로 확산됩니다. 교사의 철학과 실천은 또 다른 교사에게 영감을 주고, 학생들에게는 배움의 즐거움을 전하게 됩니다. 예를 들어, 한 교사는 동료의 수업 운영 방식을 접한 후 협동 활동을 도입했고, 학생들은 그 변화에 자발적으로 반응하며 발표와 질문이 활발해졌습니다. 작지만 진심 어린 실천은 교육 현장에 긍정적 영향을 주는 촉매제가 됩니다.

한 중학교에서는 교사가 학생의 피드백을 시각화해 학급 게시판에 공유한 일이 계기가 되어, 전체 교무실이 자발적으로 수업

리플렉션 자료*를 나누는 문화로 발전했습니다. 이처럼 한 사람의 실천이 동료 교사의 태도를 바꾸고, 학교 전반에 긍정적인 변화를 불러올 수 있습니다. 학급 분위기는 따뜻해지고, 학부모 상담은 더 원활해지며, 지역사회와의 연계도 활발해집니다.

무엇보다 중요한 것은 퍼스널 브랜딩이 지금 이 자리에서 시작할 수 있는 작고 실천 가능한 일이라는 점입니다. 매일 아침 학생들과 눈을 맞추며 인사하거나, 수업 후 칭찬 한마디를 건네는 것만으로도 긍정적인 인상을 남길 수 있습니다. 수업 교구를 사진으로 남겨 공유하거나, 교육 에피소드를 간단히 정리해 동료와 나누는 것도 훌륭한 실천이 됩니다.

거창한 미디어 활동이 아니더라도, 수업 시간에 나온 학생 질문을 정리해 학급 블로그에 올리거나, 주말마다 짧은 교육 소감을 SNS에 남기는 등 일상의 작은 실천만으로도 퍼스널 브랜딩은 충분히 시작하실 수 있습니다. 교사의 성장은 곧 학생의 성장으로 이어지며, 이는 결국 교육의 질을 높이는 선순환으로 이어집니다.

---

* 리플렉션 자료(Reflection 자료): 학습자가 경험이나 활동을 돌아보고, 그 의미를 성찰하며 정리할 수 있도록 돕는 자기 성찰용 자료. 질문지, 일지, 쓰기 활동, 체크리스트 등의 형태로 제공되며, 자기 이해와 성장 방향 설정에 활용된다.

2-2 교사에게 필요한 브랜딩 구성 요소

선생님, 왜 유튜브 하세요?

"그냥 수업만 잘하면 되는 거 아니에요?"

서울의 한 중학교 영어 교사 김 선생님은 동료 교사의 질문에 한동안 생각에 잠겼습니다. 그는 방과 후 '영어 발음 꿀팁'이라는 짧은 영상을 촬영해 유튜브에 업로드하기 시작했습니다. 처음엔 단순히 학생들과의 소통을 위한 시도였지만, 점차 다른 학교 교사들과 학부모들까지 채널을 찾아보기 시작했고, 교육 콘텐츠로서의 가능성을 실감하게 되었습니다.

김 선생님은 말합니다. "처음엔 수업을 더 잘 전달하려는 도구였지만, 지금은 저의 교육 철학을 보여주는 창이 되었어요." 그녀의 사례는 교사의 퍼스널 브랜딩이 단순한 자기 홍보가 아닌,

교육적 가치를 나누는 통로임을 보여줍니다. 다만, 교사들이 브랜딩을 실천할 때에는 업무 과중, 사생활 침해 우려, 주변의 시선 등 현실적인 어려움도 함께 고려해야 합니다. 그만큼 균형 잡힌 접근 전략이 필요합니다.

퍼스널 브랜딩, 교사의 역할을 확장하다

퍼스널 브랜딩은 단지 '유명해지기 위한 전략'이 아닙니다. 교사의 브랜딩은 궁극적으로 수업의 질을 향상시키고 학생의 학습 동기와 참여도를 높이는 데 기여합니다. 교사가 자신의 철학과 강점을 일관되게 표현하면, 학생들은 더 안정적이고 신뢰할 수 있는 학습 환경 속에서 성장할 수 있습니다.

또한 학부모들은 교사의 방향성과 신념을 이해함으로써 교육에 대해 신뢰를 하게 되고, 이는 가정과 학교 간의 협력 관계를 강화하는 결과로 이어집니다. 교사에게 있어 브랜딩은 자신의 교육 철학과 전문성을 일관되게 드러내고, 교육 공동체 속에서 존재감을 확장하는 과정입니다.

브랜딩은 교사 자신의 교육 방향을 구체화하고, 학부모나 동료, 지역사회와의 관계 속에서 교사로서의 인식을 명확하게 만들어 줍니다. 예컨대, 독서교육에 열정을 가진 교사가 도서 추천 콘텐츠를 공유하고 지도 팁을 나눈다면, 그는 '책 읽는 교사'라는 강력한 이미지를 구축할 수 있습니다. 이는 학부모와 학생 모두에게 신뢰와 기대감을 심어주는 긍정적인 신호가 됩니다.

교육 현장에서 실천 가능한 브랜딩 요소

교사를 위한 퍼스널 브랜딩은 다음과 같은 실용적 요소들로 구성됩니다.

○ 전문성 표현 방식

자신이 잘하는 분야, 예를 들어 수학 문제 풀이, 글쓰기 지도, 진로 상담 등에서 전문성을 명확하게 표현해야 합니다. 교내 연구 발표, 수업 자료 공유, 온라인 콘텐츠 제작 등을 통해 전문성이 자연스럽게 드러날 수 있습니다.

전남의 한 초등학교 3학년 담임인 전 선생님은 '놀이 수업 전문가'로 알려져 지역연수 강사로도 활동하며 자신의 영역을 확장하고 있습니다. 그의 수업은 놀이 중심 수업 모형 개발과 실제 수업 적용 사례로 주목받고 있으며, 이를 통해 지역 교육청 연수 강사로도 활동하고 있습니다.

[표 3] 브랜딩 구성 요소 요약표

브랜딩 요소	실천 방법 예시	기대 효과
전문성 표현	수업 콘텐츠 제작, 연구 발표	교육 전문성 강화, 신뢰 형성
소통 채널 운영	블로그, SNS, 클래스팅 등	학부모-학생과의 소통 강화
일관된 이미지 유지	말과 행동, 게시물의 일관성	신뢰감 있는 교사 이미지 정착
학생 중심 가치 전달	학생 사례 활용, 피드백 반영	진정성 있는 브랜딩, 학생 만족도 향상

이처럼 브랜딩 구성 요소와 실천 가능한 방법, 그리고 기대 효과를 정리하면, 교사 개인의 브랜딩 전략을 구체적으로 설계할 수 있습니다. 이를 위의 표와 같이 정리하였습니다.

○ 소통 채널의 운영

최근 많은 교사는 블로그에서 독서 활동을 기록하거나, 클래스팅*을 통해 학부모와 소통하고, SNS로 실시간 피드백을 주고받으며, 유튜브에서는 수업 영상을 공개하는 등 다양한 방식으로 자신만의 채널을 운영하고 있습니다. 예를 들어 부산의 한 고등학교 생물 교사는 유튜브 채널에서 실험 영상을 연재하며 전국 과학 교사들과 협업 사례를 만들어내고 있습니다.

이는 단순한 정보 전달을 넘어, 교육 가치와 철학을 전하는 중요한 통로가 됩니다. 다만, 채널 운영은 '학생 중심' 또는 '교육 가치 중심'이어야 하며, 과도한 자기 홍보는 오히려 신뢰를 떨어뜨릴 수 있습니다.

○ 일관된 메시지와 이미지

교사의 말과 행동, 게시물, 문서에 일관성이 있을 때, 학부모와 동료, 학생 모두에게 '신뢰감 있는 교사'라는 인식이 형성됩니다. 이러한 일관성은 단기적으로는 교실 내 안정감과 소통의 효율성

---

* 클래스팅(Classting): 교사, 학생, 학부모 간의 소통과 학습 지원을 위한 교육용 플랫폼으로, 알림장, 과제 제출, 학습 콘텐츠 공유, 피드백 기능 등을 제공하며 교실 커뮤니티를 효과적으로 관리할 수 있도록 돕는다.

을 높이며, 장기적으로는 교내 리더십 기회를 얻거나 교육청 평가에서 긍정적인 평가를 받을 가능성을 높여줍니다. 나아가, 학교 조직 내에서의 역할 확대나 정책 참여 기회로도 연결될 수 있습니다. 복잡한 마케팅 용어보다 수업 방식과 학생을 대하는 태도에서 비롯되는 일관된 이미지가 브랜딩의 핵심입니다.

국내외 사례 비교로 보는 실천적 브랜딩

국내 교사들은 주로 블로그, 밴드, 학급 홈페이지 등은 물론, 네이버 카페를 이용한 학급 커뮤니티 운영이나 패들렛(Padlet)*을 활용한 쌍방향 수업 자료 공유 등 다양한 디지털 플랫폼을 통해 학부모나 학생과 소통하는 사례가 많습니다. 예컨대, 서울의 한 초등교사는 매일 학급 일기를 사진과 함께 공유하며 '소통이 잘 되는 따뜻한 선생님'이라는 이미지를 자연스럽게 구축했습니다.

핀란드의 초등교사 마릿 로시(Maarit Rossi)는 '수학으로 가는 길'(Paths to Math)이라는 수학 교수법 웹사이트를 운영하며 전 세계에 자신의 수업 철학을 알리고 있습니다. 그녀는 이 플랫폼을 통해 수학 수업에서의 문제 해결 중심 접근법을 강조하며, 다양한 언어로 번역된 콘텐츠로 국제적 확산을 시도하고 있습니다. 이들은 단순한 콘텐츠 제작을 넘어 교육 정책 제언 및

---

* 패들렛(Padlet): 온라인 협업 게시판 도구로, 사용자가 텍스트, 이미지, 링크, 영상 등을 벽에 붙이듯 자유롭게 게시하고 공유할 수 있는 플랫폼이다. 실시간 피드백과 협업이 가능하여 수업, 회의, 워크숍 등 다양한 교육 상황에 활용된다.

국제 연계 활동으로 영향력을 확대하고 있습니다.

하지만 한국 교사들은 상대적으로 시간과 시스템의 제약이 크기 때문에, 무리한 콘텐츠 제작보다는 현실적인 접근이 필요합니다. 예를 들어, 매주 1회 짧은 수업 후기나 교육 팁을 공유하는 방식, 학기마다 한 가지 테마를 정해 콘텐츠를 기획하는 등의 전략이 도움이 됩니다. 이렇게 작지만 꾸준한 실천은 교사 개인의 교육 철학을 자연스럽게 드러내며, 브랜딩의 지속성과 진정성을 확보하는 데 효과적입니다. 현실 가능한 수준에서 브랜딩을 실천하는 것이 중요합니다. 따라서 '학교 안에서의 신뢰 구축'과 '지속 가능한 실천'이 핵심 전략이 됩니다.

교사의 브랜딩, 결국 '학생을 위한 것'

퍼스널 브랜딩은 교사의 자존감을 높이고, 학생에게 더 나은 교육을 제공하는 기반이 됩니다. 자신이 어떤 교사인지 명확히 알고, 그것을 꾸준히 실천하고 표현하는 과정에서 학생들도 그 가치를 자연스럽게 체험하게 됩니다.

브랜딩의 본질은 교육의 진정성을 유지하며, 교사로서의 전문성과 방향성을 더욱 견고히 다지는 일입니다. 하지만 브랜딩은 생각만으로 완성되지 않습니다. 일상 속 실천이 필요하고, 지속 가능한 관리가 뒤따라야 합니다.

2-3 국내외 사례로 이해하는 브랜딩 전략

선생님은 어떻게 아이들과 잘 통해요?

"선생님은 어떻게 그렇게 아이들과 잘 통하시는 거예요?"

강의를 마치고 쉬는 시간, 한 젊은 교사가 조심스럽게 다가와 이렇게 물었습니다.

순간 저는 웃으며 "음…. 그냥 아이들 이야기를 많이 들어주려고 하죠."라고 답했지만, 그 교사의 눈빛엔 단순한 호기심 이상의 간절함이 담겨 있었습니다.

"저는 아무리 노력해도 애들이랑 거리감이 생겨요. 뭔가…. 벽이 느껴져요."

그 말에 저는 잠시 고민하다가 지난 몇 년간의 경험을 떠올렸습니다. 학생과의 소통, 교과 수업 운영, 학부모 상담까지 자연스럽게 연결된 흐름이 있었죠.

"사실 특별한 비결은 없어요. 저는 그저 저만의 방식대로, 일관된 교육 철학을 지키려고 노력했어요. 그게 쌓이다 보니 아이들도, 학부모도 제 스타일을 자연스럽게 알게 된 거죠."

그 교사는 고개를 끄덕이며 말했습니다. "결국 선생님만의 이미지가 형성된 거군요. 저도 제 방식대로 꾸준히 실천해봐야겠네요."

그때 깨달았습니다. 우리가 실천하는 교육활동 하나하나는 결국 '나'라는 교사의 이미지와 신뢰를 형성해 간다는 사실을요. 이것이 바로 퍼스널 브랜딩의 핵심입니다.

실천으로 완성되는 퍼스널 브랜딩

퍼스널 브랜딩은 더 이상 기업이나 연예인만의 전유물이 아닙니다. 교사에게도 필수적인 전문성 표현 도구입니다. 중요한 것은 '보여주기식 이미지'가 아니라, 일관된 교육 가치와 실천의 축적이라는 점입니다. 예를 들어, 수업 혁신에 열정을 가진 교사가 지속적으로 활동을 공유한다면, 그 자체가 "수업의 달인"이라는 인식으로 굳어집니다. 퍼스널 브랜딩은 교사의 전문성과 정체성을 외부에 명확히 전달하는 전략이며, 그 과정은 '말'이 아닌 '행동'으로 채워집니다.

이러한 브랜딩은 교사로서의 성장을 촉진할 뿐 아니라, 교육정책 참여, 커뮤니티 형성, 나아가 후배 교사에게 영감을 주는 통로가 되기도 합니다. 특히 AI 시대와 같은 변화의 전환기에 브랜딩은 "교사로서 내가 누구인가?"를 스스로 정의하고, 그 가치를 전파하는 일과 밀접하게 맞닿아 있습니다. 예컨대, 인공지능 기반 수업 플랫폼을 활용한 수업 영상 제작, 챗봇을 활용한 학습 피드백 자동화, 혹은 에듀테크 도구를 활용한 수업 평가 공유 등은 모두 교사의 디지털 역량과 정체성을 보여주는 브랜딩 전략으로 작용할 수 있습니다.

국내 교사 사례: '교실 속 실천'이 브랜딩이 되다.

국내 사례 중 주목할 만한 인물은 경기지역의 한 초등교사, 이은지 선생님입니다. 그는 SNS를 통해 매일 아침 '오늘의 인성교육' 활동을 소개하며, 아이들과 짧은 대화를 통해 배움의 씨앗을 심는 모습을 공유하고 있습니다. 그의 콘텐츠는 그저 일상을 기록하는 수준이 아닙니다. "아이 중심 교육"이라는 일관된 가치가 녹아 있어, 자연스럽게 학부모와 동료 교사들의 신뢰를 얻고 있습니다.

현재는 인성 교육 강사로도 활동 중이며, 온라인 강의 플랫폼에서도 활발한 피드백을 받고 있습니다. 특히 최근 운영한 '인성교육, 교실에서 시작하기' 강의는 등록 2주 만에 수강 신청이 500명을 넘겼고, 강의 후 설문조사에서는 92% 이상의 만족도를 기록하며 큰 호응을 얻었습니다.

또 다른 사례는 강원도의 중등 국어 교사 김민수 선생님입니다. 김 선생님은 지역 교육청의 프로젝트를 활용해 '독서 토론 기반 수업'을 운영하고 있으며, 그 과정을 블로그와 교원 커뮤니티에 체계적으로 기록하고 있습니다. 실제로 이 수업은 학생들의 참여도와 발표력 향상에 긍정적인 효과를 보였고, 지역 교육청 우수 사례로 선정되기도 했습니다.

김 선생님의 사례에서 볼 수 있는 핵심은 지역 자원을 활용한 실천 사례가 전문성을 강화하는 브랜딩 수단으로 전환되었다는 점입니다. 그는 브랜딩을 위해 따로 활동한 것이 아니라, 평소 수업 속 실천을 '보여주고 나누는 방식'을 선택한 것입니다. 이러한 일상의 실천이 곧 전문성과 신뢰의 이미지로 이어진다는 것을 보여주는 좋은 본보기입니다.

해외 교사와의 비교: 콘텐츠 중심 vs 가치 중심

해외의 퍼스널 브랜딩은 상대적으로 콘텐츠 중심의 전략이 많습니다. 예컨대 미국의 초등교사인 케이틀린 터커(Kaitlin Tucker)는 온라인 블로그와 유튜브 채널을 통해 블렌디드 러닝(Blended Learning)*과 기술 기반 수업을 체계적으로 소개하고 있습니다. 그는 자신의 철학뿐 아니라, 수업 전략, 교구 활용법까지 상세히 설명하며 '수업 전문 코치'라는 이미지를 구축했습니다.

반면, 한국 교사들의 브랜딩은 가치 중심이며, 일상의 경험과

---

* 블렌디드 러닝(Blended Learning): 전통적인 대면 수업과 온라인 학습을 효과적으로 결합한 교육 방식으로, 학습자의 자율성과 교사의 지도를 동시에 활용하여 학습 효율성과 몰입도를 높이는 데 목적이 있다.

성찰이 중요한 출발점이 됩니다. 한국 교육 문화에서 겸손, 연대, 정서적 연결감이 중요하기 때문에 브랜딩 방식도 다소 다릅니다.

[표 4] 국내외 교사 퍼스널 브랜딩 전략 비교

구분	한국 교사 사례	해외 교사 사례
핵심 전략	가치 중심, 실천 공유	콘텐츠 중심, 확산 전략
표현 방식	블로그, SNS, 뉴스레터, 팟캐스트, 오프라인 나눔	유튜브, 블로그, 뉴스레터, 강연, 팟캐스트 중심
주요 효과	신뢰 구축, 교육 철학 전파	전문 이미지 강화, 팔로워 확산

나만의 브랜딩, 어떻게 시작할 것인가?

퍼스널 브랜딩은 누구나 시작할 수 있습니다. 예를 들어, 서울의 한 초등학교 교사는 '하루 하나의 좋은 말'이라는 작은 실천을 시작으로, 교실 벽면에 아이들의 긍정 문장을 모아 꾸미는 활동을 매일 공유하기 시작했습니다. 처음엔 반 아이들과의 소통 강화를 위해 시작했지만, 점차 이 활동이 교내 연수에서 소개되고, 지역 교사 모임에서 초청을 받는 계기로 이어졌습니다.

가장 먼저 해야 할 일은 **'나는 어떤 교사로 기억되고 싶은가'** 에 대한 자기 성찰입니다. 그다음에는 지금 실천하고 있는 활동 중 '공유할 가치가 있는 내용'을 선택해, 주변 교사나 온라인 커뮤니티에 나누는 것으로 첫걸음을 떼면 됩니다. 완벽하게 정제된 콘텐츠가 아니라, 진정성이 담긴 경험이 더 큰 울림을 줍니다.

브랜딩은 단기 성과보다 장기적인 신뢰 형성의 과정입니다. 예를 들어, 한 중학교 교사는 수년간 학생 자치 활동을 지원하며 '학생을 주인공으로 세우는 교육'이라는 신뢰를 쌓아왔고, 이후 학부모 연수나 지역 교육청 프로젝트에서도 자연스럽게 그 교사를 찾게 되는 사례로 이어졌습니다.

학생과의 관계, 동료 교사와의 협업, 학부모와의 소통 등 각 영역에서 쌓이는 신뢰가 결국 하나의 이미지로 연결됩니다. 그리고 그 이미지는 교사로서의 가능성을 넓히는 가장 강력한 자산이 됩니다.

제 3장

교육 철학과
스토리텔링 전략

"철학은 가르치는 방식을 결정하고,
삶을 가르친다."

3-1 AI와 차별화되는 인간적 교육 철학

3-2 명확한 교육 신념 정

3-3 철학과 경험을 녹여낸 스토리텔링 전략

나만의 교육 철학은 브랜딩의 뿌리이며, 경험을 이야기로 녹여내는 것이 신뢰의 기반입니다.

급변하는 교육 환경 속에서도 교사의 정체성을 지켜주는 것은 흔들림 없는 교육 철학입니다. 그 철학은 수업 방식과 학생을 대하는 태도, 갈등을 마주하는 순간에 구체적으로 드러납니다.

실천이 담긴 이야기로 철학을 표현할 때, 그것은 곧 강력한 브랜드로 이어집니다. 이 장에서는 나만의 철학을 정립하고, 신뢰를 주는 이야기로 전환하는 방법을 안내합니다.

생각해 볼 질문

Q. 내 수업에서 반복되는 장면이나 대사는 어떤 철학을 담고 있는가?

3-1 AI와 차별화되는 인간적 교육 철학

손을 꼭 잡아주던 그 날, 교사의 철학이 시작되다.

어느 겨울 아침이었습니다. 초임 교사 시절, 복도 끝자락에 웅크리고 앉아 있는 아이를 처음 발견했을 때 저는 단지 지각한 학생이라 생각했습니다. 가까이 다가가 "왜 그래?"라고 묻는 순간, 아이는 고개를 들지 못한 채 작은 목소리로 말했습니다.

"선생님, 엄마가 어젯밤 집을 나갔어요."

그날, 저는 아이의 손을 조심스럽게 잡았습니다. 따뜻한 교실로 데려가 차를 한 잔 건네며 말없이 옆에 앉아 있었지요. '좋은 수업'보다 '좋은 사람'이 먼저라는 걸 그날 처음 배웠습니다.

교육의 본질은 기술이나 지식 이전에 '사람을 향한 마음'에 있음을 깨달았습니다. 그것이 제 교육 철학의 씨앗이었습니다.

브랜딩의 뿌리, 흔들림 없는 교육 철학

퍼스널 브랜딩은 결국 '나는 누구이며, 왜 이 길을 걷는가'라는 질문에서 출발합니다. 브랜딩은 말과 이미지보다, 그 바탕의 '왜 이 일을 하는가'라는 철학이 더 중요합니다.

이러한 철학은 교사의 실천을 통해 구체화합니다. 하지만 이런 철학적 실천이 항상 순조롭지는 않습니다. 교사 평가나 행정적 부담으로 인해 아이들과 충분히 소통할 시간을 확보하기 어려웠던 때도 많았습니다. 그런데도 어떤 교사는 매주 금요일 '칭찬 카드 쓰기' 시간을 마련해 아이들과의 감정적 연결을 꾸준히 시도했고, 이는 학급의 신뢰 문화를 형성하는 데 큰 역할을 했습니다.

예컨대, 어느 교사는 '모든 아이는 각자의 방식으로 빛난다'라는 신념을 바탕으로, 시험 성적 중심의 평가 대신 성장 중심 피드백을 실천하며 자신만의 브랜드를 구축해왔습니다. 아이들의 잠재력을 발견하고 격려하는 이러한 태도는 단순한 교육 방법을 넘어 그 교사만의 교육 철학을 대변하며, 강한 신뢰와 공감을 형성하게 됩니다.

이처럼 철학은 구호가 아니라 삶에서 구현되는 행동이며, 그것이 곧 브랜딩의 핵심을 이룹니다.

AI가 지식을 더 빠르고 정확하게 전달하는 시대, 교사의 가치는 '무엇을 가르치는가'보다 '어떻게 존재하는가'에 달려 있습니다. 인간의 철학은 기계가 따라 할 수 없는 영역입니다. 교사가 아이들 앞에 어떤 시선과 태도로 서는지, 그 깊은 이유를 성찰하고 실천하는 순간, 교육자는 스스로 하나의 브랜드가 됩니다.

철학 없는 기술은 방향을 잃는다.

기술은 교육의 도구일 뿐입니다. 아무리 정교한 디지털 콘텐츠와 스마트 기기가 있어도, 그 중심에 철학이 없다면 교육은 쉽게 본질을 잃고 맙니다. 2023년 교육부의 「ICT 활용 교육 성과 보고서」에 따르면 ICT 활용 학교 중 38%가 '기술 도입 직후 몰입도는 상승했지만, 장기적으로는 효과가 유지되지 않았다'라고 응답했습니다. 이는 기술만으로는 교육의 깊이를 확보할 수 없다는 사실을 보여줍니다.

강원도 초등 시범학교에 근무하는 최 시범 선생님은 처음 AI 학습 보조 도구를 교실에 도입했을 때 그 편리함에 감탄했습니다. 자료 접근은 빨라졌고, 학생들도 처음엔 흥미를 보였습니다. 그러나 얼마 지나지 않아 선생님은 중요한 질문을 하게 되었습니다. "이 도구가 아이들에게 진정으로 어떤 의미가 있는가?" 그 물음 끝에, 교사 자신의 철학이 없으면 기술은 일시적인 흥미에 그칠 수밖에 없다는 걸 절감했습니다.

이후 최 선생님은 '모든 디지털 도구는 아이의 삶을 더 깊이 이해하도록 돕는 수단이어야 한다'라는 원칙을 세웠습니다. 그 원칙에 따라 감정일기 쓰기 활동을 도입했고, 아이들은 그 안에서 자기감정을 표현하고 소통하는 법을 배워갔습니다. 한 학부모는 "아이가 학교 이야기를 먼저 꺼내는 일이 많아졌다"라며 변화에 감사를 전해왔습니다. 기술은 철학과 만날 때, 비로소 교육의 도구가 됩니다.

교육 철학은 고정된 신념이 아니다.

흔히 교육 철학을 한번 정립하면 변하지 않는다고 생각하기 쉽지만, 실제로는 계속해서 진화하는 과정입니다.

중학교 역사 담당 20년 차인 박인식 선생님도 처음에는 '지식 전달'에 집중하던 교사였습니다. 그러나 상담을 통해 아이들의 마음을 들여다보게 되었고, 이후에는 '정서와 관계 중심의 교육'으로 옮겨가게 되었습니다. 어느 날, 아이들이 "선생님이랑 이야기하고 나면 마음이 가벼워져요."라고 말했을 때, 선생님은 자신의 철학이 조금씩 바뀌고 있다는 것을 깨달았습니다.

철학은 명상이 아니라, 아이들과의 관계 속에서 갈고닦아지는 경험의 산물입니다. 예컨대, 박 선생님이 담임을 맡았던 한 학생은 수업에는 흥미를 보이지 않았지만, 매일 쉬는 시간마다 교실 뒤편 화분에 물을 주며 식물을 돌보곤 했습니다. 그 작은 관심을 놓치지 않고 꾸준히 대화를 나누던 끝에, 아이는 정서적으로 안정되었고 학습 참여도 자연스럽게 향상되었습니다. 그 경험을 통해 박 선생님은 '배움은 관계에서 피어난다'라는 철학을 더욱 확고히 하게 되었습니다.

나만의 철학을 브랜딩으로 연결하기

교육 철학이 '나의 방향'이라면, 브랜딩은 '그 방향을 타인에게 전달하는 방식'입니다. 따라서 브랜딩은 철학 위에 자연스럽게 구축되어야 합니다.

박 선생님은 자신의 교육 철학을 "관계 기반의 성장 지원자"라는 키워드로 표현합니다. 이 철학은 다양한 교육활동 속에서 구체적으로 실현되고 있으며, 아래 표는 이러한 실천이 어떻게 브랜딩으로 연결되는지를 보여줍니다.

[표 5] 교육 철학과 브랜딩 실천의 연계 예시

교육 철학	브랜딩 실천 예시
관계 기반의 성장 지원자	교사 상담법 강의, 감정일기 앱 개발 참여
정서 중심의 수업 철학	아침 마음 나누기 활동, 회복적 생활교육 실천
성장 지향 학습관	학급 맞춤 루틴 설계, 자기 주도 학습법 워크숍 운영

이처럼 교육 철학은 실천 속에서 살아 숨 쉬며, 교사의 정체성과 연결됩니다.

박 선생님이 진행한 교사 연수 프로그램에서 한 교사는 '아이들에게 매일 진심으로 이름을 불러주는 것'을 자신의 철학으로 삼았습니다. 그 작은 실천만으로도 학급 분위기는 눈에 띄게 변화했고, 아이들은 자신이 존중받고 있다는 느낌을 받으며 교사와의 신뢰를 쌓아갔습니다. 이 경험은 교사의 철학이 일상과 브랜딩으로 연결되는 실제 사례입니다.

결국 교사의 철학은 말이 아니라 행동에서 드러납니다. 그것이 바로 AI 시대에도 교사가 여전히 중요한 이유이며, 사람과 사람 사이의 진심이 교육의 본질임을 상기시켜 줍니다.

교사의 철학은 삶의 태도에서 시작된다.

AI가 아무리 진보하더라도, 교사의 따뜻한 시선과 기다림은 대체될 수 없습니다. 아이 한 명 한 명의 삶에 관심을 두고, 그들의 성장과 치유에 헌신하는 교사의 철학은 그 자체로 브랜드입니다.

오늘도 교육이라는 이름의 정원에서 묵묵히 씨앗을 심고 계시는 선생님, 당신의 철학은 이미 많은 아이들의 마음속에 '잊지 못할 향기'로 피어나고 있습니다.

3-2 명확한 교육 신념 정립

아이들 앞에 서던 첫날의 떨림

처음 담임교사로 배정받았던 날을 초임 교사 강하늘 선생님은 아직도 생생히 기억합니다. 초등학교 5학년 교실, 30여 명의 아이가 호기심 어린 눈으로 선생님을 바라보고 있었습니다. 교탁 앞에 선 순간, 선생님의 손은 떨렸고, 목소리는 어색했습니다. '선생님은 어떤 교사가 되고 싶은가'라는 질문이 머릿속을 맴돌던 그때, 한 아이가 수줍게 말을 걸었습니다. "선생님, 저 수학 너무 어려워요." 그 한마디가 강 선생님의 교육 인생의 방향을 결정지었습니다. '아이 한 명 한 명의 목소리를 듣고, 그들의 배움 곁에 따뜻하게 머무는 교사가 되자.' 그것이 강 선생님의 첫 번째 교육 신념이 되었습니다.

브랜딩의 뿌리는 철학이다.

AI 시대의 교사에게 요구되는 수많은 역량 중, 진정으로 차별화되는 경쟁력은 '명확한 교육 철학'입니다. 단순히 수업을 잘하고 기술에 능숙하다고 해서 훌륭한 교사로 기억되지는 않습니다. 학생과 학부모, 동료 교사들이 신뢰하고 따르는 교사는 흔들리지 않는 가치와 신념을 실천으로 보여주는 사람입니다. 마치 튼튼한 나무가 뿌리를 통해 땅에 단단히 서 있듯이, 교사의 퍼스널 브랜딩도 교육 철학이라는 뿌리 위에서 자라야 지속될 수 있습니다.

여기서 말하는 철학이란 거창한 이론이 아니라, '나는 왜 가르치는가?', '무엇을 위해 교사로 살아가는가'에 대한 나만의 답입니다. 이 신념이 명확할수록, 교사는 교육 정책의 변화 속에서도 중심을 잃지 않고 자신만의 색깔을 유지할 수 있습니다. 그 결과, 자연스럽게 신뢰와 영향력을 쌓아갑니다.

교육 철학의 정립 과정

강 선생님도 처음부터 뚜렷한 철학이 있었던 것은 아니었습니다. 다양한 학생들을 만나고, 수많은 실패와 성취를 반복하면서 점차 제 생각이 정제되어 갔습니다. 한 번은 한 학생이 친구들과 자주 다투고 수업에 집중하지 못해 늘 지적을 받곤 했습니다. 처음에는 훈계하고 통제하는 방식으로 대응했지만, 어느 날 그 아이가 일기장에 쓴 글을 보고 강 선생님은 큰 충격을 받았습니다. "나는 아무도 내 말을 안 들어줘서 화가 나."

그때 강 선생님은 깨달았습니다. 당시 성과 중심의 평가 시스템 속에서 저 역시 '잘 가르치는 교사'라는 이미지를 만들기 위해 분주했습니다. 그러나 시간이 흐르면서, 눈앞의 점수보다 아이들의 마음에 남는 수업을 하고 싶은 갈망이 커졌습니다.

이 경험은 '교사는 지식 전달자가 아니라 관계의 설계자'라는 두 번째 교육 신념으로 이어졌고, 지금까지도 최 선생님의 수업과 생활지도의 핵심이 되고 있습니다.

학급 이야기로 철학을 전달하는 법

매 학기 초 학생들과 함께 만드는 교사 선언문이나 우리의 약속은 상호 간의 이해와 존중을 기반으로 합니다.

[표 6] 강 선생님의 교사 선언문 예시

항목	내용
나의 역할	아이들의 가능성을 발견하고 지지하는 사람
나의 수업 철학	아이들이 스스로 질문하고 탐구하는 수업 만들기
나의 관계 철학	존중과 신뢰를 바탕으로 한 학급 문화 조성
나의 성장 다짐	매주 한 번 수업을 성찰하고 동료와 나누기

우리의 약속은 '모든 질문은 소중하다.', '선생님도 학생들의 의견을 듣고 배운다.' 같은 문구는 학생들에게 발언의 자유와 안

전한 환경을 제공합니다. 특히 '선생님도 실수할 수 있다' 등으로 약속은 교실 내 상호 존중 문화를 더욱 구체화하는 계기가 되었습니다."

이처럼 교육 철학은 교사 혼자만의 다짐이 아니라 학급이라는 공동체 안에서 살아 숨 쉬는 약속이 되어야 합니다.

이와 같은 선언문이나 약속은 교사 자신의 정체성을 명확히 할 뿐 아니라, 교육활동 전반에 일관된 메시지를 전달하는 데 큰 도움이 됩니다.

나만의 이야기로 교실을 설계하기

결국, 교육 철학은 교사의 '존재 이유'에 대한 답이자, 브랜딩의 가장 깊은 기반입니다. 요즘처럼 빠르게 변화하는 시대일수록 외적 기술이나 유행을 따르기보다 내면의 신념을 되돌아보는 것이 더욱 중요합니다. 교직 여정에 크고 작은 전환점이 올 때마다, 중심을 잡아줄 기준점이 바로 이 교육 철학입니다.

이제 나의 교육 신념은 무엇인가요? 오늘 하루 수업을 마친 후, 교탁 앞에 홀로 서서 한 번만 생각해보시길 바랍니다. '나는 왜 이 자리에 서 있는가?' 이 질문에 당신만의 답을 찾는 순간, 진정한 브랜딩은 이미 시작되고 있습니다.

3-3 철학과 경험을 녹여낸 스토리텔링 전략

아이들의 '눈빛'이 바꾼 나의 수업

"선생님, 제가 발표해도 될까요?"

낯을 가리던 민정이가 조심스럽게 손을 든 날, 저는 교단에서 한 걸음 내려와 아이의 눈을 마주쳤습니다. 그 작은 손이 들리기까지, 얼마나 많은 시간이 필요했을까요. 저는 그 순간을 오래도록 잊을 수 없습니다. 그날 이후, '아이의 속도에 맞춰 기다려주는 교사'라는 저만의 철학이 생겨났습니다.

처음부터 철학이 있었던 건 아닙니다. 교직 초년 시절, 저는 매 수업을 완벽하게 준비하려 애쓰며 칠판 글씨 하나에도 신경을 곤두세웠습니다. 그러나 아이들은 종종 엉뚱한 질문을 하거나, 제가 의도한 흐름을 벗어난 반응을 보이곤 했지요. 어느 날은, 설명에 집중하느라 아이가 울고 있는 것도 모르고 수업을 마쳤던 일이 있었습니다. 그 사건은 저에게 '과연 나는 누구를 위한 수업을 하고 있는가'라는 질문을 남겼고, 점차 '잘 가르치는 교사'라는 외형적 기준보다 '아이의 마음을 살피는 교사'가 되고자 하는 방향으로 제 생각이 바뀌기 시작했습니다.

초기에는 수업의 완성도와 평가 결과에 집중하며 교사로의 능력을 입증하려 했습니다. 하지만 시간이 지나며 점차 아이들과의 소통, 교실 분위기, 그리고 학습의 즐거움을 중요하게 여기는 방향으로 제 수업 철학이 전환되었습니다. 어느 순간부터는 '지식을 전달하는 교사'가 아니라 '마음을 이해하고 성장에 동행하는 교사'가 되고 싶다는 열망이 제 안에서 자라났고, 그 변화가 자연스럽게 제 브랜딩의 중심축이 되었습니다.

교육 철학은 브랜딩의 뿌리

브랜딩은 겉모습을 꾸미는 것이 아니라, '왜'라는 질문에 대한 답을 명확히 하고 그 정신을 꾸준히 실천하는 과정입니다. 그 중심에는 교사의 교육 철학이 자리해야 합니다. 교육 철학이 없는 브랜딩은 껍데기에 불과하고, 일관되지 않은 메시지는 신뢰를 무너뜨릴 수밖에 없습니다.

많은 교사들이 브랜딩을 '보이는 것'에 초점을 두는 경우가 많습니다. SNS 콘텐츠, 강의 홍보, 커리큘럼 구성 등도 물론 중요하지만, 그 모든 것에 일관된 중심축이 없다면 진정성이 느껴지기 어렵습니다. 교사의 철학은 바로 그 중심을 잡아주는 나침반이 됩니다. 그리고 이 철학이 교사의 경험과 만날 때, 생생한 스토리로 살아나는 것입니다.

'나만의 이야기'가 철학을 말한다.

윤 선생님은 매 학기 초에 아이들과 '수업 계약서'를 작성합니다. "서로의 다름을 인정하고 실수할 자유를 주자", "질문은 언제든 환영한다"와 같은 조항은 저의 교육 철학을 반영한 실천입니다. 특히 "선생님도 실수할 수 있으니 피드백을 주세요"라는 문장은 아이들과의 관계를 수평적으로 만들고자 하는 교사의 의도를 담고 있습니다.

어느 날, 한 학생이 "그럼 진짜 틀려도 혼나지 않나요?"라고 물었습니다. 저는 "혼나는 게 아니라, 틀린 덕분에 배우는 거예요"라고 답했습니다. 이후 그 아이는 발표에 적극적으로 참여하게 되었고, 점점 자신감을 느끼기 시작했습니다. 이처럼 수업 계약서는 제 철학을 말보다 강하게 드러내는 도구였습니다. 실제로 연수에서 이 사례를 소개하며, "규칙을 함께 만드는 순간, 철학이 드러난다"라는 메시지를 전하기도 하였습니다.

이러한 실천은 단순히 말로 철학을 전달하는 것이 아니라, 학급 운영의 원칙 속에 자연스럽게 스며들게 하는 과정입니다. 저는 매 학기 초, 아이들과 함께 계약서를 만들며 '실수해도 괜찮은 교실', '질문이 살아 있는 교실'을 함께 상상합니다. 이 과정에서 아이들은 교실을 '함께 만드는 공간'으로 인식하게 되고,

교사는 '지시하는 사람'이 아닌 '함께 성장하는 사람'으로 받아들여집니다.

실제로 윤 선생님은 교사 연수에서 이 '수업 계약서' 사례를 소개하며, "나의 철학은 아이들과 함께 규칙을 만들 때 가장 잘 드러납니다"라는 메시지를 전하였습니다. 이처럼 스토리텔링은 단순한 에피소드 나열이 아니라, 철학을 드러내는 방식으로 구조화되어야 설득력을 얻습니다.

경험을 재구성하는 이야기 전략

효과적인 스토리텔링은 경험을 '재구성'하는 데서 출발합니다. 예컨대, 어떤 교사는 '협력 중심 수업'이라는 철학을 가지고 있습니다. 이 철학을 단순히 "저는 협업을 중요시합니다"라고 말하는 것이 아니라, 다음과 같이 스토리로 표현할 수 있습니다.

> "아이들끼리 과제를 협력해서 하도록 했을 때 처음엔 갈등이 많았지만, 점차 서로를 도와주는 장면이 늘어났습니다. 어느 날은 팀원이 아파서 결석했는데, 남은 아이들이 '선생님, 그 친구 몫까지 저희가 해도 될까요?'라고 묻는 걸 듣고, 협력이 습관이 되었음을 느꼈습니다."

이 짧은 이야기 속에 담당 교사의 철학이 녹아 있습니다. 이야기는 단순한 설명보다 훨씬 더 강하게 청중의 감정을 움직이고 기억에 남습니다. 이는 AI가 대체할 수 없는 인간 교사의 고유한 브랜딩 자산이 됩니다.

나만의 철학을 찾고, 스토리로 연결하기

철학을 바탕으로 한 스토리텔링 전략을 수립하려면 다음과 같은 단계가 도움이 됩니다.

[표 7] 스토리텔링 전략 수립 단계

단계	핵심 질문	예시
1단계	나는 왜 교사가 되었는가?	어린 시절 내 이야기를 귀 기울여준 선생님처럼 학생들의 이야기를 들어주고 싶었다
2단계	나는 어떤 가치를 중요하게 여기는가?	모든 학생의 가능성을 믿고 기다려 주는 '인내와 신뢰'.
3단계	그 가치를 실천한 구체적 경험은?	공부에 관심 없던 학생이 수학 질문을 처음 했을 때 칭찬하고 지속적으로 격려한 일.

위 구조에 따라 자신의 경험을 되짚어보면, 누구든지 철학이 묻어난 스토리 한 편을 만들 수 있습니다. 그리고 이 스토리는 교사 자신의 퍼스널 브랜드를 단단히 지탱해 주는 뿌리가 됩니다.

예를 들어, 중학교 과학 교사인 박 선생님은 '호기심을 존중하는 교실'이라는 철학을 가지고 있습니다. 그는 수업 첫날 학생들에게 "틀린 질문도 수업을 살찌운다"라는 메시지를 전하며 질문

박스를 학급 한쪽에 설치했습니다. 수줍은 학생들도 익명으로 질문을 넣을 수 있었고, 박 선생님은 이를 수업 시간에 다루며 자연스럽게 탐구 중심 수업을 이끌었습니다.

처음에는 질문이 거의 없었지만, 몇 주 뒤에는 매일 아침 박스를 열어보는 일이 수업의 시작이 되었습니다. 박 선생님의 수업에는 점차 토론과 반문이 살아났고, 아이들은 과학적 사고에 흥미를 갖게 되었습니다. 이 경험은 '호기심 → 장려 → 참여 → 탐구심 고양'이라는 스토리 구조로 정리되며, 그의 철학을 가장 잘 보여주는 사례로 자리 잡게 되었습니다.

스토리텔링은 단지 글솜씨의 문제가 아닙니다. 그것은 자신의 철학과 실천을 진심으로 마주하고, 그것을 타인과 나눌 용기에서 비롯됩니다. 교사의 브랜딩은 '보이는 나'가 아니라 '깊이 있는 나'로부터 시작됩니다. 그 깊이를 만들어 주는 것은 바로 내가 교실에서 겪어온 수많은 경험과 그 경험 속에서 길어 올린 철학입니다. 이것이 교사로서 나를 설명하는 가장 강력한 스토리입니다

제 4 장

브랜드 콘텐츠
기획과 제작 전략

"보여주는 콘텐츠에는 보이지 않는
신념이 담겨 있다."

4-1 교육 콘텐츠 기획과 개발 전략

4-2 영상 및 이미지 콘텐츠 제작 방법

4-3 SNS 채널 운영을 통한 콘텐츠 브랜딩

콘텐츠는 교사의 가치를 시각화하는 통로이며, 메시지의 일관성과 플랫폼 활용 전략이 중요합니다.

교사의 철학은 수업 자료, 학생 활동, 영상 콘텐츠 등 다양한 형식으로 시각화됩니다. 이는 단순한 기록이 아니라 브랜드 메시지를 널리 전파하는 수단입니다. 어떤 콘텐츠가 어떤 메시지를 효과적으로 담아내는지, 목적에 따른 전략적 접근이 요구됩니다.

이 장에서는 콘텐츠 기획과 플랫폼 활용 전략을 통해 교사의 가치를 명확하게 전달하는 방법을 소개합니다.

생각해 볼 질문

Q. 나는 지금 어떤 메시지를 '무엇을 통해' 전달하고 있는가?

4-1 교육 콘텐츠 기획과 개발 전략

실천으로 이끄는 교육 콘텐츠 기획과 제작 전략

"선생님, 오늘 수업은 언제 끝나요?" 민재가 교실 뒷자리에서 손을 들며 물었습니다.

"왜, 민재야? 벌써 지루하니?" 김 선생님이 웃으며 답했습니다.

"아니요. 근데 과학이 좀 지루해요. 칠판 말고 다른 거 없어요? 영상 같은 거요."

그 말에 김 선생님은 문득 아이디어가 떠올랐습니다. "얘들아, 우리가 환경 보호에 대한 영상을 만들어 보는 건 어때?"

"우리가요? 진짜요?" 아이들은 놀라움과 기대가 섞인 눈빛으로 대답했습니다.

"그래. 지구를 지키는 방법에 관해 이야기해보자. 너희가 주인공이야."

그날 수업은 평소와는 다른 활기로 가득 찼고, 김 선생님의 첫 교육 콘텐츠 프로젝트가 시작되는 계기가 되었습니다.

교과서 중심 강의나 칠판 필기 같은 전통적인 수업 방식만으로는 학생들의 흥미를 끌기 어렵다는 것을 절감한 김 선생님은 실천 가능한 콘텐츠 제작에 도전하게 되었습니다.

교육 콘텐츠 기획의 출발점: 목표와 대상 설정하기

교육 콘텐츠는 단순한 정보 전달을 넘어서 학습자의 흥미를 유발하고, 주제에 대해 주체적으로 생각하게 만드는 데 목적이 있습니다. 이를 위해 먼저 설정해야 할 것은 콘텐츠의 '목표'와 '대상'입니다.

전달할 주제와 방식은 물론, 대상이 초등학생인지 중·고등학생인지에 따라 내용과 형식이 달라져야 합니다. 김 선생님은 학생들의 일상과 연결될 수 있는 주제를 고민하다가 '환경 보호'를 선택했습니다.

처음에는 과학 개념을 설명하거나 실험을 중심으로 한 콘텐츠를 고려했지만, 학생들에게 직접적인 실천으로 이어지기엔 한계가 있다고 느꼈습니다. 그러던 중 쉬는 시간에 아이들이 아무렇지 않게 버린 음료수 캔과 비닐을 보며, 환경 보호가 단지 지식 전달이 아닌 태도 교육으로 연결될 수 있겠다는 확신이 들었습니다.

학생들이 자신과 관련된 문제로 인식하고 행동에 옮길 수 있는 주제야말로 교육 콘텐츠로서 더욱 적합하다고 판단한 것입니다.

콘텐츠 유형과 채널 선택: 전달력을 높이는 전략

교육 콘텐츠는 그 형식과 전달 채널에 따라 학습자의 반응이 크게 달라집니다. 텍스트, 이미지, 카드 뉴스, 동영상, 오디오 등 다양한 형태의 콘텐츠 중 어떤 것이 가장 효과적일지 고민해야 합니다.

특히 교실 환경에서는 짧고 직관적인 영상 콘텐츠가 큰 효과를 발휘합니다. 김 선생님은 학생들의 참여를 유도하기 위해 짧은 동영상 콘텐츠를 제작하기로 하고, 공유 채널로는 학급 SNS와 온라인 학습 플랫폼*을 활용했습니다.

콘텐츠의 성격과 대상자의 접근성에 따라 채널을 달리 설정하는 것이 중요합니다. 각각의 콘텐츠 형식이 학습자에게 어떤 방식으로 영향을 미치는지 고려해 기획 단계부터 전략적으로 접근해야 합니다.

---

* 온라인 학습 대표 플랫폼 예시
국내: e학습터, 위두랑, 클래스팅, 아이스크림 홈런
해외: Coursera, Khan Academy, edX, Google Classroom, Moodle

전달력을 높이는 콘텐츠 구성: 도구보다 메시지 중심

콘텐츠를 만들 때 많은 교사들이 영상 편집 도구나 애니메이션 프로그램 같은 기술적인 도구에 집중하지만, 가장 중요한 것은 메시지입니다. 무엇을 전달할 것인지, 학습자에게 어떤 영향을 줄 것인지를 중심으로 콘텐츠를 구성해야 합니다.

김 선생님은 환경 보호의 중요성을 학생들이 체감할 수 있도록, 어렵지 않게 실천 가능한 행동들을 중심으로 구성했습니다. 복잡한 기술보다 명확한 메시지와 현실적인 실천 방안이 학습 효과를 높이는 핵심입니다.

콘텐츠 예시: '환경 보호를 위한 작은 실천들'

김 선생님이 제작한 콘텐츠는 '환경 보호를 위한 작은 실천들' 이라는 제목의 영상물이었습니다. 영상에는 '일회용 컵 대신 개인 컵 사용하기', '분리배출 철저히 하기', '대중교통 이용하기' 등 학생들이 일상생활에서 쉽게 실천할 수 있는 구체적인 사례들을 담았습니다.

각 실천 항목은 짧고 간결한 문장과 함께 실제 사진이나 삽화, 짧은 인터뷰 형식으로 구성되어 학생들의 흥미를 자극했습니다. 예를 들어, '개인 컵 사용하기' 항목에서는 학생들이 직접 텀블러를 들고 등교하며 친구들에게 권하는 모습을 보여주었습니다. 이를 본 민재는 수업 시간에 "이제 저도 텀블러 들고 다닐래요. 멋져 보여요!"라고 말하며 실천 의지를 나타냈습니다.

'분리배출 철저히 하기'에서는 학급 내 쓰레기통 앞에서 올바른 분리수거 방법을 시연하고, 그 과정을 설명하는 학생들의 모습을 담았습니다. 영상에 참여한 수진이는 "엄마도 이 영상 보고 나서 저한테 분리수거 맡기셨어요!"라며 뿌듯해했습니다. 이처럼 콘텐츠에 참여한 학생들의 실제 반응은 다른 학생들에게도 긍정적인 영향을 주며 자연스러운 참여를 유도했습니다. 이처럼 구체적이고 시각적인 정보는 학습자의 몰입도를 높입니다.

채널별 콘텐츠 유형 정리: 플랫폼에 맞춘 전략적 배포

효과적인 콘텐츠 배포를 위해서는 각 채널의 특성에 맞는 콘텐츠 유형을 선택해야 합니다. 예를 들어, 유튜브와 같은 영상 플랫폼에서는 설명이 포함된 동영상 콘텐츠가 적합하고, 인스타그램이나 블로그에서는 이미지와 짧은 글이 조합된 카드 뉴스가 효과적입니다.

팟캐스트나 오디오 기반 플랫폼은 인터뷰, 토론 등 말하기 중심의 콘텐츠가 잘 맞습니다. 김 선생님은 학급 SNS에는 카드 뉴스를, 유튜브에는 동영상을, 교내 방송에는 짧은 오디오 콘텐츠를 올리는 방식으로 채널별 분화를 시도했습니다.

카드 뉴스는 이미지와 간단한 문장으로 정보를 요약해 전달하는 데 효과적이며, SNS에서는 짧은 시간 내에 학습자의 흥미를 끌 수 있습니다. 반면 유튜브는 시청각 자료를 활용한 자세한 설명과 사례 소개에 적합하고, 오디오는 시각적 자료 없이도 내용을 전달할 수 있어 등굣길이나 쉬는 시간에 들을 수 있다는 장점이 있습니다.

교사도 창작자가 되는 시대

이처럼 교육 콘텐츠는 교실 안에서 바로 실천 가능한 작은 시도에서 시작될 수 있습니다. 중요한 것은 복잡한 기술이 아니라 학생들에게 전하고 싶은 '이야기'와 그 이야기를 효과적으로 전달할 수 있는 형식입니다.

교사라면 누구나 자신의 수업을 한 단계 더 풍부하게 만들 수 있는 콘텐츠 제작자가 될 수 있습니다. 실제로 일부 교사들은 직접 제작한 영상을 수업에 활용하거나, SNS에 카드 뉴스 형식의 복습 자료를 공유하며 학생들과의 소통을 강화하고 있습니다.

예를 들어, 한 중학교 과학 교사는 실험 과정을 영상으로 촬영해 유튜브에 업로드했고, 이를 본 학생들이 집에서 반복 시청하며 학습 효과를 높였습니다. 또 다른 교사는 학급 SNS를 통해 카드 뉴스를 제공하며 자율 학습을 유도했습니다. 이처럼 실제 사례는 콘텐츠 제작이 거창하지 않아도 효과적일 수 있음을 보여줍니다.

이제는 칠판을 넘어, 교실의 이야기를 콘텐츠로 담아내는 시대입니다.

4-2 영상 및 이미지 콘텐츠 제작 방법

작은 영상 하나가 만든 놀라운 변화

고등학교 역사 교사인 박 선생님은 교실에 들어선 순간 놀라움을 감추지 못했습니다. 평소 수업 시간에 지루해하던 학생들이 자신이 만든 역사 인물 소개 영상을 보며 활발한 토론을 펼치고 있었기 때문입니다.

늘 역사에 별 관심이 없던 학생들이 이제는 서로 경쟁하듯이 질문과 의견을 나누고 있었고, 그 모습은 박 선생님에게 큰 감동을 주었습니다. 영상 제작 전만 해도 교실 분위기가 이렇게 달라질 거라고는 전혀 예상하지 못했던 박 선생님은, 이 작은 변화가 가져다준 놀라운 결과를 마주하며 마음이 벅차올랐습니다. 평범한 하루의 시작이었던 아침이 특별한 순간으로 바뀌는 것을 느끼며, 박 선생님은 콘텐츠의 힘을 다시 한번 실감하게 되었습니다.

영상은 3분 남짓의 짧은 분량이었지만, 인물의 주요 업적과 인간적인 면모를 친근하게 담아냈습니다. 학생들은 인물의 행동과 선택에 대해 각자의 생각을 적극적으로 나누며 흥미를 보였습니다. 스마트폰과 무료 편집 앱만으로 만든 이 간단한 영상이 학생들에게 이렇게 큰 관심과 변화를 가져다줄 줄은 박 선생님도 예상하지 못했습니다. 작은 실천이 큰 변화를 가져올 수 있다는 가능성을 직접 확인한 박 선생님은 다른 교사들도 콘텐츠 제작에 참여하도록 독려하기 시작했습니다.

명확한 메시지로 콘텐츠 제작하기

교사가 콘텐츠를 제작할 때 가장 중요하게 여겨야 할 부분은 영상이나 이미지의 화려함보다는 명확한 메시지 전달입니다. 콘텐츠는 학생들이 학습 내용을 쉽고 효과적으로 이해할 수 있도록 돕는 도구로 활용되어야 합니다. 복잡하거나 화려한 표현보다는 핵심 메시지를 간결하고 명료하게 전달하는 방식이 더욱 효과적입니다.

이때 전달하고자 하는 개념이나 핵심 내용을 명확한 키워드로 정리하여 시각적으로 강조하면 학생들의 이해를 돕고 기억력도 높일 수 있습니다. 역사 수업의 경우 긴 텍스트 설명보다는 강렬한 이미지나 짧은 애니메이션으로 핵심을 표현하는 것이 효과적입니다. 예를 들어, 독립운동가의 삶을 소개할 때 글보다는 인물 사진과 시대 배경이 담긴 이미지를 활용하면 학생들의 흥미와 이해도를 크게 높일 수 있습니다.

수학 수업에서도 복잡한 공식이나 원리를 시각화하여 애니메이션 형태로 제공하면 학생들이 수학에 대한 두려움을 극복하고 흥미를 느낄 수 있습니다. 기하학적 도형이나 방정식의 개념을 명확한 키워드와 이미지로 제시하면 학생들과의 소통이 원활해지고 학습 효과가 극대화됩니다.

채널 특성을 고려한 맞춤형 콘텐츠 제작

콘텐츠 제작에서 효과를 극대화하려면 각 플랫폼의 특성과 사용자들의 콘텐츠 소비 방식을 잘 이해해야 합니다. 유튜브는 사용자가 오랜 시간 몰입할 수 있는 상세한 설명과 강의 형태의 콘텐츠가 적합합니다. 예를 들어 과학 실험이나 수학 문제 풀이 과정을 상세히 영상으로 제공하면 학습자의 관심과 이해도를 높일 수 있습니다.

반면 인스타그램과 틱톡 같은 플랫폼에서는 짧고 강렬한 1분 이내의 영상이나 이미지를 활용하는 것이 좋습니다. 문학 작품의 주요 명대사나 과학적 현상을 짧게 편집하여 올리면 학생들의 즉각적인 관심을 끌 수 있습니다. 블로그나 페이스북에서는 텍스트 설명과 이미지를 함께 사용하여 콘텐츠의 전달력을 높이는 전략이 효과적입니다.

실제 사례로 한 영어 교사는 틱톡을 활용하여 영어 표현을 재미있는 영상으로 매일 게시하여 학생들의 학습 참여도를 크게 높였습니다. 역사 교사는 블로그에 역사적 사건과 이미지를 글과 함께 올려 학생들이 복습 자료로 활용할 수 있도록 했습니다.

스마트폰으로 쉽고 간편하게 제작하기

콘텐츠 제작 경험이 많지 않은 교사들에게 가장 실용적이고 효과적인 도구는 스마트폰입니다. 스마트폰에 내장된 카메라와 무료 편집 앱만으로도 충분히 양질의 콘텐츠를 제작할 수 있습니다. 예를 들어, 문학 수업에서 시의 분위기나 감성을 전달할 때 스마트폰으로 주변의 풍경이나 일상의 소재를 촬영하거나, 저작권이 허용된 이미지를 활용해 학생들의 공감을 얻을 수 있습니다.

스마트폰 활용을 돕는 다양한 무료 앱들도 있습니다. 영상 편집의 경우 'KineMaster'나 'CapCut' 같은 앱을 사용하면 보다 전문적인 효과와 자막, 배경음악을 쉽게 추가할 수 있습니다. 사진 콘텐츠 제작 시에는 'Canva'와 같은 앱을 이용하여 간단한 디자인 작업과 텍스트 삽입을 손쉽게 처리할 수 있습니다.

성공 사례로, 한 영어 교사는 스마트폰 앱을 활용하여 영어 발음과 단어를 학생들에게 매일 짧은 영상으로 제공했습니다. 또 다른 교사는 수업 내용 복습 영상을 촬영하여 학생들에게 공유해 가정에서의 학습 참여를 독려하고, 학생들의 성적 향상과 수업 참여도를 크게 높였습니다.

과학 교사가 간단한 실험 영상을 제작할 때도 별도의 고가 장비 없이 스마트폰과 기본적인 편집 기능만으로 학생들이 쉽게 이해할 수 있는 콘텐츠를 충분히 만들 수 있습니다. 중요한 것은 콘텐츠의 화려함보다는 메시지의 명확성과 접근성이며, 이것이 학생들의 관심과 이해를 이끌어냅니다.

콘텐츠 제작 시 유의할 사항

콘텐츠 제작에서 중요한 것은 지속성과 일관성입니다. 꾸준히 일정한 형식과 스타일을 유지하여 콘텐츠를 제작하면 학생들의 지속적인 관심과 신뢰를 얻을 수 있습니다. 그러나 시간이 지나면서 제작의 부담감이나 학생들의 관심이 떨어져 지속성을 유지하기 어려운 경우가 종종 발생합니다. 이를 극복하기 위해서는 처음 콘텐츠 제작 목표와 의도를 명확히 기억하고, 학생들의 흥미를 지속적으로 자극할 수 있는 요소를 꾸준히 발굴하여 반영하는 노력이 필요합니다.

또한, 학생들의 피드백을 꾸준히 반영하여 콘텐츠의 품질을 높이는 것도 중요합니다. 실제로 한 사회 교사는 학생들의 의견을 정기적으로 반영하여 학생들이 가장 흥미롭게 생각하는 주제와 필요한 자료들을 콘텐츠에 추가함으로써 수업 참여도와 이해도를 높였습니다.

무엇보다 콘텐츠의 완성도나 기술적 측면보다 교사의 열정과 진정성이 학생들에게 더 큰 영향을 미칩니다. 진심을 담아 학생들에게 다가가는 메시지가 가장 강력하게 학생들의 마음을 움직일 수 있습니다.

한두 번의 성공적인 콘텐츠 제작으로 만족하지 말고, 정기적으로 일정한 형식과 스타일을 유지하며 꾸준히 콘텐츠를 제작해야 합니다. 일정한 스타일로 제공되는 콘텐츠는 학생들의 지속적인 관심과 신뢰를 얻는 데 효과적입니다.

또한 학생들의 피드백을 적극적으로 수용하고 이를 콘텐츠 개선에 반영하는 것이 필요합니다. 학생들의 의견을 적극적으로 반영하여 콘텐츠를 발전시켜 나가면 더욱 맞춤형 콘텐츠가 만들어질 수 있습니다. 완벽한 콘텐츠 제작보다 중요한 것은 교사의 열정과 진심이 담긴 메시지이며, 이것이 결국 학생들의 마음을 가장 깊게 움직일 것입니다.

4-3 SNS 채널 운영을 통한 콘텐츠 브랜딩

교실에서 시작된 작은 고민, 콘텐츠가 되다.

"선생님! 이거 SNS에 올리실 거예요?" 한 학생이 장난기 가득한 얼굴로 물었습니다.

사실 박 선생님은 최근 교육 연수에서 접한 '교사의 퍼스널 브랜딩'이라는 개념에 깊은 관심을 두고 있었습니다. 단순히 수업을 전달하는 것을 넘어, 자신의 교육 철학을 널리 알리고 학부모와 사회와 소통하는 방법을 고민하고 있었습니다.

박 선생님은 미소 지으며 스마트폰을 들었습니다. 교실 한쪽에서 조용히 진행 중이던 AI 실습수업의 한 장면이 눈에 들어왔죠. "그래, 오늘 이 장면은 꼭 남기고 싶어. 우리 수업의 의미가 잘 드러나는 순간이거든."

점심시간의 소란한 복도에서 박 선생님은 화면 너머를 응시하며 생각에 잠겼습니다. "어떻게 하면 이 순간을 학생들과 학부모에게 더 깊이 전달할 수 있을까? 단순한 게시물이 아니라, 우리 교육의 가치를 담아낼 수 있도록."

그는 카메라를 켰습니다. 실험에 몰두하는 아이들의 표정, 작은 실패에 좌절하다가 다시 도전하는 손놀림, 친구와 함께 아이디어를 나누는 모습. 이 모든 장면은 콘텐츠가 되었고, 동시에 박 선생님만의 브랜드를 만들어가는 출발점이 되었습니다.

SNS, 교사의 퍼스널 브랜딩을 위한 첫걸음

SNS는 교사의 교육 철학과 브랜드를 가장 효과적으로 전달할 수 있는 플랫폼입니다. 여기서 '브랜드'란 단순한 이미지나 로고가 아닌, 교사로서의 철학과 전문성, 가치관이 일관되게 드러나는 정체성을 의미합니다.

페이스북은 진중한 글과 이미지를 활용하여 교사의 생각과 메시지를 깊이 있게 전달하기에 적합한 채널입니다. 특히 학생과의 감동적인 일화, 교육 철학이 담긴 글, 학급의 성장 이야기를 사진과 함께 게시하면 교육 현장의 의미를 널리 공유할 수 있습니다.

예를 들어, '학생들과 함께한 1년의 성장 이야기', '마음을 울린 한 마디', '오늘 수업에서 배운 건 오히려 나였습니다.'와 같은 제목을 사용하면 교사의 진정성이 전해지며, 독자에게 깊은 인상을 남깁니다. 이러한 콘텐츠는 학부모와 동료 교사들에게 교사의 교육 철학을 자연스럽게 알리는 창구가 되어 신뢰와 공감을 형성하는 데 효과적입니다.

인스타그램은 사진과 짧은 영상 중심의 콘텐츠를 통해 교사의 일상적인 교육활동을 친근하게 보여 줄 수 있는 플랫폼입니다. 수업 준비 과정, 학생들과의 상호작용, 교실 풍경 등 진솔한 장면을 담아내면 학부모와 학생들의 공감대를 쉽게 형성할 수 있습니다.

예를 들어, "#오늘의 수업", "#교실 일상", "#선생님 브이로그"와 같은 해시태그를 활용하면 교육 관련 관심자들에게 자연스럽게 노출됩니다. 박 선생님은 "아이들과 함께 만든 AI 포스터입니다. 수업 후 스스로 정리한 결과물이 이렇게 멋질 줄 몰랐어요."라는 문장과 함께 사진을 게시했고, 이 게시물은 학부모들 사이에서 따뜻한 반응을 얻으며 신뢰를 쌓는 계기가 되었습니다.

특히 스토리 기능을 활용하면 짧은 피드백, 칭찬 카드, 질문 응답 등 즉각적인 소통이 가능하며, 이는 교육 현장을 생동감 있게 전달하는 데 효과적입니다.

유튜브와 블로그를 활용한 심화 콘텐츠

유튜브는 교사의 전문성과 수업의 독창성을 영상으로 보여 줄 수 있는 강력한 채널입니다. 예를 들어, 'AI를 활용한 창의 수업 사례', '학생들의 자기 주도학습력 키우는 방법' 등 실용적이고 구조화된 콘텐츠를 제작하면 구독자의 신뢰를 얻고 지속적인 관심을 끌 수 있습니다.

콘텐츠를 제작할 때는 먼저 주제를 정하고 간단한 스크립트를 작성한 후, 스마트폰으로 촬영하는 것이 기본입니다. 무료 편집 앱(예: 캡컷, 키네마스터 등)을 활용해 자막이나 음악을 추가하면 완성도 높은 콘텐츠를 만들 수 있습니다. 영상은 3~5분 이내가 적당하며, 제목은 구체적이고 흥미를 유발할 수 있도록 구성하는 것이 좋습니다. 짧고 명확한 메시지를 담은 콘텐츠가 오히려 더 많은 반응을 이끌어낼 수 있습니다.

블로그는 교사의 교육 철학과 전문성을 글로 깊이 있게 전달할 수 있는 매체입니다. AI 기술을 활용한 수업 전략, 실제 수업 사례, 학부모 상담 노하우 등 전문적인 내용은 블로그를 통해 더욱 체계적으로 공유할 수 있습니다. 'AI 수업 도입 3개월의 변화', '학부모 상담에서 자주 듣는 질문 TOP 5'와 같은 연재형 콘텐츠는 꾸준한 독자층을 확보하는 데 유리하며, 장기적으로 신뢰와 영향력을 높이는 데 도움이 됩니다.

진정성과 지속성을 가진 콘텐츠의 힘

모든 SNS 콘텐츠에서 가장 중요한 요소는 진정성과 지속성입니다. 화려한 편집이나 장비보다도, 교육 현장의 생생함과 교사의 진솔한 메시지가 중심이 되어야 합니다.

박 선생님이 게시한 "오늘 수업에서 학생들이 AI로 직접 환경 문제 해결 모델을 제작했습니다. 학생들의 열정에 저도 많이 배

읽었어요."라는 문장과 함께한 현장 사진은 많은 학부모와 동료 교사들의 공감을 자아냈습니다.

콘텐츠는 정기적으로 업로드하는 것이 중요합니다. 아래는 교사용 콘텐츠 운영에 도움이 되는 예시 계획표입니다.

[표 8] 교사용 주간 SNS 콘텐츠 운영 계획표

요일	콘텐츠 유형	채널
월요일	교육 철학 짧은 글	페이스북
수요일	수업 준비 장면 사진	인스타그램
금요일	교육 팁 영상 소개	유튜브

이러한 계획을 실천하기 위해서는 간단한 체크리스트를 만들어 운영하는 것도 좋습니다. '오늘 공유할 주제는 무엇인가?', '사진과 메시지는 적절한가?', '업로드 시점은 정해졌는가?'와 같은 항목을 주간 단위로 점검하면 콘텐츠의 일관성과 품질을 유지할 수 있습니다. 또한 매주 특정 시간(예: 월, 수, 금 오후 7시)을 정해 업로드하는 습관을 들이면 꾸준한 운영이 훨씬 수월해집니다.

주 2~3회 정기적인 콘텐츠 게시를 통해 팔로워와의 소통을 지속하고, 교사로서의 신뢰를 구축하는 데 큰 도움이 됩니다. 이는 교육자로서의 브랜딩을 더욱 강화하는 효과적인 전략이 됩니다.

SNS 브랜딩, 일상에서 시작되는 특별함

교사의 퍼스널 브랜딩은 특별한 기술이나 복잡한 도구에서 시작되지 않습니다. 오히려 수업 중 학생과 나누는 짧은 대화, 피드백, 배움의 순간 등 작지만 의미 있는 일상을 포착하고 진정성 있게 공유하는 것이 출발점입니다.

이러한 순간들을 SNS를 통해 기록하고 전달함으로써, 교사는 자신만의 교육 철학과 가치를 세상과 소통할 수 있습니다. 그렇게 쌓인 콘텐츠는 곧 교사만의 브랜드가 되어, 교육자로서의 정체성과 영향력을 만들어갑니다.

제 5장

교실에서 시작하는 브랜딩 실천

"교실 안의 모든 순간이
당신의 브랜드를 말한다."

5-1 공감형 수업 디자인으로 브랜딩하기

5-2 수업을 통한 교사•학생 관계 중심 브랜딩

5-3 교실 이야기의 브랜드 외부 확장 전략

교실은 브랜딩의 출발점이며, 수업과 학생 관계 속에 브랜드가 자연스럽게 스며듭니다.

퍼스널 브랜딩은 거창한 프로젝트가 아니라, 매일 교실에서 이루어지는 작고 일관된 실천에서 시작됩니다. 학생의 눈을 바라보며 질문을 기다려주는 시간, 실패를 격려로 감싸는 말 한마디, 칠판에 남긴 한 줄의 글귀—all of these build your brand.

이 장에서는 수업과 학생과의 관계를 통해 형성되는 정서 기반의 교실 브랜드가 어떤 감동과 지속성을 만드는지를 구체적인 사례를 통해 살펴봅니다.

Q. 내 교실의 분위기, 그것이 곧 나의 브랜드라면 무엇이 가장 잘 반영되고 있을까?

5-1 공감형 수업 디자인으로 브랜딩하기

첫 질문, "선생님은 어떤 분이세요?"

수업이 끝나고 교실 뒤편에서 게시물을 정리하던 어느 날, 낯익은 얼굴의 학부모가 조심스레 다가와 말을 건넸습니다.

"우리 아이가 그러더라고요. '우리 선생님은 질문을 정말 잘 들어줘. 되게 따뜻하고 다정한 분 같아'라고요."

그 순간, 나는 내 수업이 단순한 지식 전달을 넘어 학생의 마음과 연결되고 있다는 사실을 새삼스럽게 느꼈습니다. '교사의 진짜 모습은 수업 속에서 자연스럽게 드러나고, 그 인상이 곧 브랜드가 되는구나'라는 생각이 마음을 스쳤습니다. 그 학부모의 눈빛에는 감사와 신뢰가 서려 있었고, 나는 그 짧은 대화 속에서 '브랜딩'이라는 단어가 교사라는 존재에 얼마나 깊숙이 들어와 있는지를 실감하게 되었습니다.

퍼스널 브랜딩은 거창한 홍보 활동에서 비롯되는 것이 아닙니다. 오히려 교사가 매일 서는 첫 무대, 바로 교실에서 시작됩니다. 특히 학생들과의 정서적 연결이 살아 숨 쉬는 공감형 수업 디자인은, 학생은 물론 학부모와 동료 교사에게도 교사의 신념과 가치를 자연스럽게 각인시킵니다. 교실에서 피어난 브랜딩은 작은 울림에서 시작되어 점차 넓게 퍼져나가는 파동처럼, 더 많은 사람의 인식 속에 깊이 스며듭니다.

브랜딩은 수업 속 감정에서 피어난다.

공감형 수업이란, 학습 내용을 일방적으로 주입하는 것이 아니라 학생들의 경험과 감정을 존중하고 그 속에서 배움을 끌어내는 방식입니다. 예를 들어, '자신의 삶 속 문제를 함께 고민해 주는 사회 수업', '실패 경험을 편하게 나눌 수 있는 과학 실험 시간'은 지식 그 이상의 정서적 연결을 만들어냅니다. 실제로 국어 시간에 '내 인생의 한 문장'을 나누며 울음을 터뜨린 학생도 있었습니다. 교실은 교과서를 넘어서 서로의 삶을 공유하는 진정한 배움의 공간이 되었습니다.

이처럼 감정을 나누는 수업은 단순히 한 명의 경험에 그치지 않습니다. 친구의 이야기에 귀 기울이며 함께 웃고, 때로는 눈시울을 붉히는 과정을 통해 학급 전체가 더 깊은 신뢰와 유대감을 형성하게 됩니다. 공감은 전염되고, 교실은 심리적으로 안전한 공간으로 재편됩니다.

이러한 연결은 교사의 브랜드 이미지로 이어집니다. "우리 선생님은 내 얘기를 들어주는 분", "수업이 내 삶과 연결돼 흥미롭다"라는 인식은 단순한 수업 만족도를 넘어 '공감의 리더'라는 강력한 브랜드 키워드로 작용합니다.

수업 중 교사의 말투, 피드백 방식, 질문에 대한 태도는 모두 브랜드 메시지입니다. "그런 생각도 할 수 있겠네요", "좋은 시도였어요" 같은 말은 학생에게 인정받는 경험을 주고, 교사는 '학생의 자율성과 감정을 존중하는 사람'이라는 이미지를 얻게 됩니다.

수업 속 브랜드 키워드를 의도적으로 설계하라

공감형 수업을 통해 퍼스널 브랜딩을 실천하려면, 수업의 '설계' 단계부터 브랜드 키워드를 의식적으로 반영하는 것이 중요합니다. 예를 들어, "함께 성장하는 수업"을 브랜드 키워드로 삼는다면, 다음과 같은 실천이 가능합니다.

[표 9] 공감형 수업을 통한 브랜딩 실천 전략 예시

수업 요소	브랜딩 실천 예시
도입	"여러분과 함께 오늘도 배워볼게요"라는 말로 협력 강조
활동	짝 활동, 질문 릴레이, 상호 피드백 시간 구성
마무리	"오늘 이 질문이 여러분 생각을 어떻게 바꿨나요?" 같은 성찰 질문 유도

예를 들어, "함께 성장하는 수업"을 브랜드 키워드로 삼는다면, 위 표의 실천 예시와 같이 실천할 수 있습니다.

또한 수업 중 사용할 PPT나 칠판 구성에도 키워드를 배치해 보세요. 예를 들어 매시간 '공감'이라는 단어가 등장하는 질문 슬라이드, '내가 오늘 가장 집중한 순간' 코너를 칠판 구석에 마련하는 것만으로도 반복적인 이미지 각인이 가능합니다. 교실 환경 또한 브랜드 메시지를 전달하는 또 다른 언어입니다. 책상 위의 문구, 칠판 옆 명언 한 줄, 따뜻한 조명과 배치 등은 교사의 신념을 시각적으로 표현하는 상징이 됩니다.

또한 브랜드 키워드는 교과 수업 외 활동에도 자연스럽게 연계될 수 있습니다. 예를 들어, '함께 성장'이라는 키워드를 중심으로, 아침 인사 시간마다 '오늘 내가 함께 돕고 싶은 친구'라는 이름표를 교실 앞 게시판에 붙이는 활동을 도입한 사례도 있습니다. 이렇게 반복되는 상징은 학생들 기억 속에 교사의 가치관을 선명하게 남깁니다.

감정 기반 피드백은 브랜드를 강화한다.

브랜딩에서 중요한 또 하나는 '감정'을 기반으로 한 피드백입니다. 단순한 칭찬이 아닌, 학생의 관점에서 함께 느끼고 공감하는 방식이 효과적입니다.

예를 들어, 한 학생이 발표 중 말을 더듬었을 때, "좀 떨렸지? 나도 그랬던 적 있어. 그런데 끝까지 해줘서 고마워"라는 반응은 그 자체로 교사의 따뜻함과 이해심을 드러냅니다. 이 경험은 곧 교사의 '안전한 지도자'라는 브랜드를 굳혀줍니다.

공감형 피드백은 학생 개개인이 교사를 기억하는 방식도 바꿉니다. 학년이 지나도 "그 선생님은 늘 내 마음을 먼저 봐줬다"라고 기억된다면, 이미 그 브랜드는 성공한 것입니다. 피드백은 말로만 전달되는 것이 아닙니다. 발표 후 조용히 웃으며 눈을 맞춰주는 동작, 글쓰기 과제에 남긴 짧은 손 글씨 메모 한 줄도 학생에게는 오래도록 남는 메시지가 됩니다.

교실은 브랜딩의 실험실입니다.

여기서 강조하고 싶은 것은, 교실은 단순한 교육 공간을 넘어 교사 브랜딩의 '실험실'이라는 점입니다. 이곳에서 우리는 매일 자신의 메시지를 전하고, 반응을 확인하며, 성장합니다.

공감형 수업 디자인은 그 실험실에서 사용할 수 있는 가장 강력한 도구입니다. 이론보다 감정, 지식보다 관계를 중심에 놓는 수업을 통해 교사는 '신뢰'라는 브랜드 자산을 차곡차곡 쌓아갈 수 있습니다. 또한 수업 시간뿐 아니라 학급 행사, 상담 시간 등 교실 밖에서의 행동도 브랜딩의 중요한 연장선입니다. 캠프에서 보여 준 배려, 갈등 상황에서의 침착한 대응은 '믿을 수 있는 어른'이라는 브랜드를 더욱 공고히 만들어 줍니다.

교사는 수업을 마친 뒤, '오늘 수업에서 내가 전하고자 했던 가치는 학생들에게 어떻게 전해졌을까?'라는 질문을 자문해 볼 수 있습니다. 짧은 성찰 메모를 남기거나, 동료 교사와 간단히 피드백을 주고받는 것도 좋은 방법입니다. 이러한 일상적 성찰은 교사 자신의 브랜드 정체성을 명확히 하고, 지속 가능한 성장을 가능하게 해 줍니다.

교사의 퍼스널 브랜딩은 결국 학생과의 관계에서 시작되고, 수업의 감정적 경험에서 완성됩니다. 오늘 선생님의 교실은 어떤 인상을 남기고 있나요? 그것이 바로 내일의 브랜드입니다.

5-2 수업을 통한 교사·학생 관계 중심 브랜딩

아이컨택으로 시작된 변화

늦가을 어느 날, 수업을 시작하자마자 교실 뒤편에 앉아 고개를 숙이고 있는 한 학생이 눈에 들어왔습니다. 며칠 전부터 과제를 제출하지 않았고, 질문에도 반응이 없던 아이였습니다. 그날 저는 수업 중 그 학생을 자연스럽게 바라보며 "강수진! 괜찮아요?"라고 조심스럽게 물었습니다. 순간, 아이의 눈동자가 떨리는 걸 보았고, 짧은 아이컨택과 따뜻한 한마디가 전환점이 되었습니다. 그날 이후 아이는 조금씩 마음을 열기 시작했고, 수업 참여도 서서히 늘어났습니다.

교사의 브랜드는 거창한 구호나 포스터 속 문구에서 시작되지 않습니다. 교실 안에서 학생과 나누는 눈빛, 말투, 수업 방식 하나하나가 곧 교사의 인상, 즉 브랜드로 축적됩니다. 학생들과 일상을 함께하는 수업 시간은 교사의 브랜드가 가장 먼저 드러나는 무대입니다.

수업이 곧 관계의 언어가 된다.

좋은 수업은 단순한 정보 전달을 넘어, 교사와 학생 간의 신뢰를 쌓는 공간이 됩니다. 학생이 교사에게 마음을 열게 되는 경험은 곧 교사의 브랜드를 강화시키는 힘이 됩니다.

이를 위해 수업 중 교사의 언어와 행동에는 '일관된 메시지'가 필요합니다. "함께 고민해 보자", "잘 모르겠으면 다시 설명해 드릴게요" 같은 말은 학생에게 '국어 선생님은 나를 기다려 준다'라는 인상을 남깁니다. 이러한 언어는 반복되면서 교사 브랜드의 핵심 키워드로 자리 잡습니다.

또한 교사는 자신만의 '수업 철학'을 수업안에서 자연스럽게 드러내야 합니다. '실패를 두려워하지 말자', '생각을 말하는 용기를 응원한다'와 같은 메시지를 일관되게 전달할 때, 학생들은 그 철학을 교사의 정체성으로 인식하게 됩니다.

브랜드 키워드는 수업에서 자연스럽게 드러나야!

효과적인 브랜딩을 위해서는 수업에서 자신의 브랜드 키워드를 의식적으로 노출할 필요가 있습니다. 예를 들어 '존중', '도전', '협력' 같은 키워드를 설정하고, 질문, 활동, 피드백 등에 이를 반영하면 브랜드의 방향성이 분명해집니다.

한 중학교 영어 교사는 '실수해도 괜찮은 수업'을 브랜드로 삼고, 매시간 학생들이 틀린 문장을 발표할 때 "좋은 실수였어요. 다음 친구도 시도해 볼까요?"라는 말을 꾸준히 사용했습니다. 그 결과 학생들은 영어 말하기에 대한 두려움을 덜고 수업에 더 적극적으로 참여하게 되었으며, 학부모들도 "우리 아이가 영어 시간에는 자신 있게 말하더라고요"라고 반응했습니다.

이처럼 일관된 언어와 행동은 학생의 경험에 깊이 스며들며 교사의 브랜드를 자연스럽게 형성합니다. 이제 브랜드를 구체적으로 어떻게 수업 안에서 실천할 수 있을지 살펴보겠습니다

감정이 연결된 수업이 브랜딩의 열쇠

학생들은 교사의 가르침보다 교사와의 감정적 경험을 더 오래 기억합니다. 즐거운 수업, 공감받는 순간, 실수를 격려받은 경험은 모두 교사에 대한 긍정적인 이미지로 연결됩니다.

한 초등학교 교사는 매일 아침 "오늘 기분은 어떤가요?"와 같은 질문으로 수업을 시작합니다. 이 짧은 대화는 학생과 교사 사이의 감정적 연결을 강화하며, 학생들은 자신이 존중받고 있다고 느끼게 됩니다. 이는 곧 수업에 대한 몰입과 참여로 이어지며, 관계 중심의 브랜딩이 형성됩니다.

이러한 정서적 접점은 온라인 수업에서도 충분히 실현 가능합니다. 이모티콘 활용, 실시간 채팅 소통, 개별 피드백 등은 감정

적 거리감을 줄이고 관계의 밀도를 높이는 데 효과적입니다.

작은 습관이 만드는 큰 이미지

브랜딩은 거창한 프로젝트나 일회성 이벤트가 아닌, 일상의 반복을 통해 형성됩니다. 수업 속에서 반복되는 작고 일관된 행동은 강력한 인상을 남깁니다. 수업 중 실천할 수 있는 브랜딩 행동과 해당 이미지를 표로 정리하였습니다.

[표 10] 수업 중 실천 가능한 브랜딩 행동과 해당 이미지

수업 중 실천 행동	연결되는 브랜드 이미지
학생 이름 자주 부르기	개별 존중, 따뜻한 교사
오답에 긍정적 피드백 주기	도전 장려, 실패 수용
질문에 적극적으로 반응하기	소통 중심, 열린 사고
수업 목표를 명확히 제시하기	전문성, 계획성 있는 교사
수업 후 개별 피드백 주기	세심함, 관계 중심 교육

이러한 습관은 처음에는 의식적으로 시작되지만, 반복될수록 교사의 자연스러운 모습이 됩니다. 그리고 학생과 학부모는 이 행동들을 통해 교사에 대한 명확한 이미지를 형성하게 됩니다.

교사의 브랜딩은 결국 관계에서 시작됩니다. 수업은 그 관계가 가장 자주, 가장 진하게 발생하는 공간입니다. 브랜드는 스스로 말하지 않아도, 학생의 마음속에 천천히 자리 잡습니다.

5-3 교실 이야기의 브랜드 외부 확장 전략

수업 속 한 문장이 세상으로 퍼지기까지

"얘들아, 오늘은 우리만의 명언 하나를 만들어 볼까?" 교실이 조용해졌다가, 이내 아이들의 눈빛이 반짝이기 시작했습니다.

"선생님, '노력은 언젠가 웃는다' 어때요?" "'우리의 꿈은 자라요'도 좋아요!"

그중에서 평소 말수가 적고 조용하지만, 글쓰기를 좋아하는 수민이가 조심스럽게 손을 들었습니다.

"작은 손으로도 큰 꿈을 쓸 수 있어요."

아이들이 놀란 듯 수민이를 바라보다가 이내 고개를 끄덕이며 미소 지었습니다. 잠시의 정적이 따뜻한 공감으로 채워졌고, 저는 그 문장을 칠판에 적으며 아이들과 함께 그 의미를 나누었습니다. 그날의 수업은 단순한 문장 만들기를 넘어, 우리 학급만의 언어가 태어난 특별한 시간이었습니다.

아이들은 서로의 문장을 칭찬하며, 한 문장 한 문장이 교실 벽면을 날아다니는 듯한 따뜻한 에너지로 가득 찬 순간이었습니다. 그동안 조용히 앉아 있던 아이들도 용기를 내어 말문을 열었고, 저는 그 변화의 순간을 교사로서 온전히 느꼈습니다.

이후 이 문장은 '교실 속 작가' 프로젝트의 대표 슬로건이 되었고, 학부모 면담 자료, 교사 연수 자료, 지역 교육청 뉴스레터에까지 소개되었습니다. 아이의 말 한마디가 브랜드가 되어 세상으로 퍼져나가는 모습을 지켜보며 저는 확신하게 되었습니다. 교실 이야기 자체가 강력한 브랜드 자산이라는 사실을요.

수업안에서 브랜드 씨앗 심기

브랜딩은 교실 밖에서 기획하는 것이 아니라, 교실 안에서 자연스럽게 자라나는 것입니다. 수업 중에 오가는 말, 활동 분위기, 반복되는 언어는 모두 교사 브랜드의 메시지가 됩니다.

예를 들어, "함께 성장해요", "실패해도 괜찮아", "따뜻한 피드백이 먼저예요" 같은 표현을 수업 속에서 반복하여 사용하면 학생들 사이에 자연스럽게 공유되며, 교사의 철학이 외부에도 드러납니다.

이러한 브랜드 언어는 칠판 옆 여백, 교실 포스트잇, 활동지 상단의 한 줄 코멘트처럼 일상적인 방식으로 심을 수 있습니다. 저의 경우, 매월 수업 주제에 어울리는 브랜드 키워드를 하나

정해 아이들과 함께 문장으로 만들고, 이를 교실 게시판에 게시하거나 주간 학습 안내에 포함시킵니다.

이러한 반복적인 노출은 자연스럽게 학생들의 사고에 스며들며, 학부모와 동료 교사에게도 교사로서의 철학을 전달하는 도구가 됩니다. 나아가 이러한 작은 표현들은 교실을 넘어 학부모 소통지, 뉴스레터, SNS 게시물의 콘텐츠로 확장되어 교사 브랜드의 외연을 넓혀줍니다.

교실 콘텐츠의 외부 확장 전략

브랜드는 공유될 때 비로소 외부로 확장됩니다. 감동적인 교실 장면이나 아이들의 말, 교사의 피드백을 콘텐츠화하는 것이 중요합니다.

[표 11] 교실 콘텐츠 확장 전략 요약

수업 콘텐츠 요소	확장 방법	확산 채널
인상 깊은 아이의 말	명언 카드, 슬로건화	블로그, SNS
수업 활동사진	활동 요약 포스트	학부모 소통지
교사의 철학 문장	뉴스레터 헤드라인	연수 발표 자료
학급 프로젝트	지역 커뮤니티 연계	교육청 공모전

예를 들어, 수업 중 인상 깊은 질문이나 아이들의 반응을 '오

늘의 교실 풍경'으로 사진과 함께 정리해 학급 블로그나 학부모 공지로 공유해보세요. 이 한 장면이 "생각하게 하는 교사", "서로를 존중하는 교실"이라는 인상을 만들어냅니다.

아래 이미지는 이 내용을 요약한 카드 뉴스 예시입니다.

이처럼 교실 속 장면을 매일 조금씩 기록해 두면, 그것이 교사 브랜딩 자료로 누적되고 외부로 자연스럽게 확장됩니다.

이야기로 기록되는 교사, 공감이 브랜드를 만듭니다.

수업 속 이야기를 단순 나열이 아닌 짧은 에피소드 형식으로 풀어보세요. 예를 들어,

> "한 학생이 수업 전 교탁 앞에 그림을 놓고 갔어요. 그 림에는 '선생님은 제 마음을 이해해요'라는 문장이 적혀 있었죠."

이런 따뜻한 장면은 강한 인상을 남기고, 교사의 이미지를 형성하는 데 큰 영향을 줍니다.

스토리는 감정을 자극하고, 감정은 사람의 인식을 바꿉니다. 특히 콘텐츠가 넘쳐나는 시대일수록 공감 가는 이야기가 브랜드로 남습니다. 그러니 매 수업마다 기억할 장면 하나를 간직하고, 이를 따뜻하게 정리해보는 습관을 지녀보세요.

열정 교사는 학기 중 학부모 상담을 진행할 때 이러한 이야기를 자연스럽게 공유합니다. 한 번은 위의 그림 이야기를 들은 학부모 한 분이 눈시울을 붉히며 말씀하셨습니다. "선생님 덕분에 제 아이가 감정을 표현하는 법을 배우고 있어요." 그 순간, 교사로서의 제 이야기가 누군가의 마음에도 남는다는 확신이 들었습니다.

작은 기록이 만드는 교사 브랜드 루틴

브랜딩은 특별한 이벤트보다 작은 실천의 꾸준한 반복에서 시작됩니다. 수업이 끝난 뒤 5분, '오늘의 한 문장'을 기록해 보세요. 일주일에 한 번 '우리 반 이야기'를 정리하는 것도 좋습니다.

가능하다면 사진 한 장, 아이의 문장 하나, 수업 활동 기록 하나를 함께 모아 공유해보세요. 이 작은 습관이 쌓이면, 당신만의 브랜드가 형성되고, 어느 날 예기치 않은 자리에서 '기억되는 교사'로 빛나게 됩니다.

제 6 장

교사 공동체와
리더십 확장 전략

"브랜드는 함께할 때 자라고,
나눌 때 깊어진다."

6-1 조직 내 리더십 실천과 역할 확대

6-2 교사 간 네트워킹으로 브랜드 파급력 강화

6-3 공동체 내 리더십 사례 기반 가치 전달

교사 간 연결은 브랜드의 확장이며,
공동체 속 리더십은 영향력의 핵심입니다.

브랜딩은 협업과 연대 속에서 성장합니다. 동료 교사들과의 소통, 공동 프로젝트 주도, 학교 내 자율 연수 기획 등은 브랜드를 확장하고 지속 가능하게 만듭니다.

이 장에서는 교사 공동체와 리더십 실천을 중심으로, 조직 내 브랜드 확장의 실제 방안을 다룹니다.

생각해 볼 질문

Q. 최근 내가 협력한 동료 교사와의 관계 속에서 어떤 나의 강점이 드러났는가?

6-1 조직 내 리더십 실천과 역할 확대

작은 변화는 교무실 한편에서 시작되었다.

"이번 학기엔 선생님들끼리 수업 참관을 정기적으로 해보면 어떨까요?" 조용하던 교무실에서 나온 사회과 담당 김 선생님의 제안은 곧장 관심을 불러일으켰습니다. 처음에는 "그게 될까요?"라는 조심스러운 반응도 있었지만, 이내 몇몇 교사들이 자발적으로 수업을 공개하고 피드백을 나누기 시작했습니다. 자연스럽게 모임이 만들어졌고, 연구회로 발전하며 학부모 공개수업과 지역 교육청 프로젝트로까지 확대되었습니다.

물론 처음부터 순조롭지는 않았습니다. 평가 분위기를 우려하는 목소리나 수업 시간 조정의 어려움도 있었지만, 서로의 입장을 이해하고 협의하는 과정에서 신뢰가 쌓이며 '함께 배우는 공동체'라는 공감대가 자라났습니다.

이 경험은 리더십이 직위나 권한보다 실천과 관계에서 비롯된다는 사실을 보여줍니다. 학교 현장에서의 리더십은 작은 제안과 실천에서 시작된다는 것을 상기시켜 줍니다.

실천적 리더십의 핵심은 '보이는 행동'

리더십은 특별하거나 거창한 것이 아닙니다. 평소에 먼저 행동하고, 동료의 이야기에 귀 기울이며, 문제 상황에 작게나마 해결책을 제시하는 그런 일상의 모습이 바로 리더십입니다. 특히 수평적 협업을 바탕으로 한 공동체에서는 권위보다 신뢰가 중심이 됩니다.

예를 들어, 학년 협의회에서 후배 교사의 평가 계획을 함께 고민하거나, 학급 운영의 어려움을 먼저 이야기하며 공감대를 만드는 일이 바로 신뢰를 쌓는 시작이 됩니다.

이런 행동이 쌓이면 동료들은 자연스럽게 그 교사를 믿고 따르게 되고, 이는 곧 교육 브랜딩의 확장으로 이어집니다. 나아가 주변 교사들도 긍정적인 영향을 받아 자발적으로 리더십을 실천하게 되고, 학교 전체에 자율성과 책임의 문화가 자리 잡게 됩니다.

무엇보다 이러한 리더십은 학생들에게도 긍정적인 영향을 미칩니다. 협업하는 교사의 모습은 교실 분위기에 고스란히 반영되어, 학생들 사이에서도 배려와 책임의 태도가 자연스럽게 확산됩니다. 작고 꾸준한 실천이 교육 공동체 전체의 성장을 이끌어내는 힘이 됩니다.

수평적 협업 사례를 통해 조직의 문화를 바꾸다.

강원 지역의 시범학교인 K 중학교에서는 교사 주도의 '교실 수업 나눔 주간'을 정기적으로 운영하고 있습니다. 여기서 중심 역할을 맡은 교사는 자신을 드러내기보다는 타 교사들의 참여를 조율하고 격려하는 조력자의 위치에 머뭅니다. 이 구조 속에서 수업 공유, 피드백, 자료 나눔이 자연스럽게 일어나며 조직 내 신뢰 문화가 자리를 잡게 되었습니다.

비슷한 사례로, 경기지역의 B 초등학교에서는 '월간 배움 마당'이라는 이름으로 각 학년별 교육 아이디어를 공유하고, 학급 사례를 짧게 발표하는 자리를 마련하고 있습니다. 이 또한 자율 참여 형식이지만, 주도적인 참여자가 조화를 이끌며 전체 교직원에게 긍정적인 영향을 주고 있습니다.

이처럼 구조적인 협업은 단순한 업무 분담을 넘어, '문화'를 형성하는 데 기여합니다. 특히 이러한 경험은 후배 교사에게 긍정적 모델링의 효과를 주며 자연스럽게 '따르고 싶은 리더'로 자리매김하게 합니다.

다음은 실제 학교의 공동체 기반 리더십 실천 단계를 표로 나타낸 것입니다.

[표 12] 공동체 기반 리더십 실천의 구조

단계	실천 내용	확장 방향
1단계	자발적 제안과 참여 유도	동료 신뢰 형성
2단계	수평적 협업 기반의 프로젝트 진행	학내 공동체 활성화
3단계	결과 공유 및 외부 사례로 발전	지역사회와의 연계로 브랜드 확대

교사 활동의 외부 확장 전략

실천적 리더십은 교내를 넘어 외부 네트워크로 확장될 때, 더욱 선명하게 드러납니다. 예를 들어, 교사의 제안으로 시작된 생태교육 프로젝트가 시청과 협력 사업으로 발전한 사례는 많습니다. 김포의 한 초등학교에서는 '텃밭 가꾸기' 활동이 지역 농협과 연계되어 마을 축제로 이어졌고, 해당 교사는 지역신문에 소개되며 자연스럽게 교육적 브랜딩을 확보했습니다.

또한 최근에는 SNS나 블로그, 뉴스레터 등을 활용하여 교내 실천 사례를 외부로 공유하는 교사들도 늘고 있습니다. 단순히 정보를 전달하는 차원을 넘어, 교육 철학과 실제 활동을 일관된 메시지로 보여주는 것은 교사의 브랜딩을 더욱 선명하게 만들어 줍니다. 강의 초청이나 언론 인터뷰로까지 이어지는 사례도 많습니다.

특히 카드 뉴스, 짧은 영상 콘텐츠 제작 등 디지털 매체를 활용한 소통 전략은 학부모 및 교육 관계자와의 연결을 더욱 긴밀하게 만들어 주며, 교사의 전문성과 열정을 널리 알리는 데 효과적입니다. 이러한 활동은 교육 콘텐츠의 확산과 동시에 교사 개인의 영향력을 넓히는 중요한 창구가 됩니다.

이처럼 지역사회나 교육청 프로젝트에 자발적으로 참여하거나, 다른 학교와 연합한 연수 프로그램을 기획하는 등의 활동은 교사의 브랜딩을 교문 밖으로 넓히는 유효한 전략입니다.

교내 프로젝트가 교외로 확장되는 것은 교내 제안 ⇒ 수평적 협업 ⇒ 교외 연결 ⇒브랜딩 확대와 같은 흐름으로 이어집니다. 이와 같은 흐름을 따라가다 보면, 어느새 자신만의 철학과 실천이 '교사 김OO'라는 브랜드로 자리를 잡게 됩니다.

리더십은 '같이 걷는 힘'

공동체 안에서 리더십을 실천한다는 것은 누군가를 이끄는 것이 아니라 '함께 걷는 것'입니다. 특히 오늘날의 교육 환경은 협업과 공유, 상호 존중을 기반으로 움직이기 때문에, 위에서 지시하는 리더보다 옆에서 함께 움직이는 리더가 더욱 효과적인 변화를 일으킬 수 있습니다.

열정 교사들도 교실이라는 일터를 넘어, 동료와 손을 맞잡고 공동체의 중심에서 실천하는 리더십을 꾸준히 보여주신다면, 그것은 곧 학교 문화를 바꾸는 힘이 되고, 교사 개인의 브랜드 또한 넓어지게 됩니다.

교사 리더십은 한순간의 언행이 아니라, 작은 실천의 반복과 관계 속에서 쌓여가는 신뢰의 결과입니다. 오늘도 교무실 한편에서의 따뜻한 제안 한 마디가, 내일의 변화를 여는 리더십의 시작이 될 수 있습니다.

더 나아가 후배 교사들에게 자신의 경험을 나누고, 멘토링을 통해 함께 성장하는 자세는 리더십의 완성입니다. 리더란 앞서 나가는 사람이 아니라, 곁에서 걸음을 맞추며 길을 밝혀주는 사람이라는 사실을 교육 현장은 여실히 증명하고 있습니다.

6-2 교사 간 네트워킹으로 브랜드 파급력 강화

휴게실에서 시작된 변화의 대화

"선생님, 혹시 이 프로젝트 함께하실 생각 있으세요?"

충북 청주의 한 중학교 점심시간, 정진우 선생님은 창가로 햇살이 부드럽게 스며드는 교사 휴게실 소파에 앉아 허브차를 마시고 있었습니다. 조용한 음악이 흐르고, 몇몇 교사들은 잡지를 넘기거나 스마트폰을 보며 여유를 즐기고 있었지요. 그런 평온한 분위기 속에서 정 선생님은 조심스레 말을 건넸습니다. 한숨 돌리며 조용히 앉아 있던 박 선생님은 놀란 듯 고개를 들었습니다.

'프로젝트'라는 단어는 자칫 계획서 작성, 회의 참석, 결과 보고 등 행정적 부담과 시간 소요를 떠올리게 했지만, 김 선생님의 말투와 표정에는 진심 어린 기대와 따뜻한 신뢰가 담겨 있었습니다. 이 작은 제안은 곧 교내 '생태환경 수업 공동연구회'로 이어졌습니다.

처음에는 3명의 교사가 자발적으로 모여 회의 일정을 정하고, 매주 수요일 오후 짧은 티타임을 겸한 아이디어 회의를 열었습니다. 수업 자료를 함께 기획하고, 텃밭 가꾸기와 분리수거 활동을 연계한 체험 중심의 교육안을 만들어 실행에 옮겼습니다. 학생들의 반응은 매우 긍정적이었고, 이후 과학 교사와 미술 교사도 합류하여 활동이 확장되었습니다.

이러한 노력은 교내 공개수업으로 이어졌고, 마침내 몇 달 뒤 지역 교육청의 우수 수업 사례로 공식 선정되며 외부로까지 긍정적인 평가를 받게 되었습니다. 단순한 아이디어 교류에서 시작된 소규모 협업이, 신뢰를 바탕으로 점차 조직 전체의 혁신적인 사례로 발전하게 된 것입니다.

이 변화는 거창한 계획이나 지시가 아닌, 동료를 향한 관심과 수평적 신뢰에서 비롯된 '브랜드의 씨앗'이었습니다. 그 씨앗은 구성원 간의 신뢰를 기반으로 자발적인 참여와 아이디어 공유를 끌어냈고, 단순한 수업 실천을 넘어 학교 전체의 문화로 퍼져나가기 시작했습니다. 다른 교사들도 점차 관심을 보이며 자신만의 아이디어를 공유하고 실행에 옮기면서, 공동체 전반에 '함께 만든다'라는 자긍심이 생겨났습니다. 결국 이 흐름은 학교의 외부 이미지까지 변화시키는 힘으로 작용하며, 하나의 대화가 교육 공동체 전체의 인지도 정체성을 새롭게 형성하는 계기가 되었습니다.

함께 만들어가는 전문성, 함께 확산되는 브랜드

교사 개인의 브랜딩은 단지 성과나 능력만으로 완성되기 어렵습니다. 오히려 '누구와 어떻게 협력하느냐'가 브랜드의 신뢰도를 결정짓는 핵심 요소입니다. 특히 교사 간의 수평적 협업은 서로의 전문성을 인정하고 배우며 함께 성장하는 기반이 되어, 개별 브랜드를 넘어서 '공동의 신뢰 자산'을 형성합니다.

예를 들어, 한 중학교에서는 국어, 사회, 음악 교사가 협력하여 '스토리로 여는 역사 콘서트' 프로젝트를 진행했습니다. 각 교사는 자신의 전문 역량을 공유하고, 서로의 관점을 존중하며 수업을 공동 설계했습니다. 이 수업은 지역 언론에 소개되며 '협업으로 빛나는 학교'라는 평판을 얻게 되었고, 참여한 교사들은 전문성과 창의성을 인정받으며 외부 강의 초청이나 교사 연수 기획 등 새로운 기회를 얻는 등 실질적인 브랜딩 강화 효과를 경험하게 되었습니다.

이처럼 수평적 협업은 단순한 역할 분담을 넘어 교사 개개인의 브랜드를 결합하고, 공동체의 신뢰를 구축하는 핵심 전략이 됩니다.

실천하는 리더십, 연결하는 사람

브랜딩을 확장하는 리더십은 직책에서 비롯되지 않습니다. 공동체 속에서 제안하고, 연결하며, 실천하는 교사가 바로 실천형 리더입니다.

예를 들어, 중학교 체육 담당 선생님은 자발적으로 '학교폭력 예방 TF팀'을 조직하고, 다양한 학년의 교사들과 의견을 나누며 생활지도 매뉴얼을 직접 기획하고 설문을 통해 학생 의견을 반영했습니다. 또한 교내 회의를 주도하며 실제 행동으로 변화를 이끌었습니다. 이 과정을 통해 그는 '신뢰받는 실천가'라는 인식을 얻게 되었고, 이는 개인 브랜딩은 물론 학교 전체의 이미지에도 긍정적인 영향을 주었습니다.

이러한 실천형 리더십은 위계적 명령 체계보다 수평적 협력 환경에서 더욱 빛을 발합니다. 구성원과 함께 움직이며 문제를 해결하는 교사의 모습은 자연스럽게 브랜드를 전파하고 신뢰를 확산시키는 촉매제가 됩니다.

교사 네트워킹 유형과 브랜딩 확장의 전략

아래 표는 교사 간 네트워킹의 유형을 실제 사례와 함께 정리한 것입니다. 각각의 네트워킹 방식이 어떻게 교사 브랜딩 확장에 기여하는지를 구체적으로 보여줍니다.

표에서 알 수 있듯, 네트워킹의 유형과 실천 방식에 따라 브랜딩의 확장 양상도 달라집니다. 예를 들어, 교과 기반 협업 모임은 팀 문화 형성과 수업 전문성 강화에 효과적이며, SNS 기반 학습 공유는 디지털 콘텐츠를 통해 외부 영향력을 확대하는 데 유리합니다.

[표 13] 교사 공동체 네트워킹 유형과 브랜딩 확장 효과

네트워킹 유형	실제 사례	브랜딩 확장 효과
교과 기반 수평 협업 모임	'통합 교과 프로젝트팀', '학년 단위 공동 수업'	수업 전문성 공유 → '전문성 있는 팀 문화' 확립
문제 해결형 교내 TF 팀	학교폭력 예방 프로그램, 생활지도 메뉴얼 개발	실천 중심 리더십 → '신뢰받는 실천가' 이미지 부각
지역 연계 학습 공동체	마을 교육과정 개발, 학부모 참여 워크숍	학교와 지역 연결 → '공공성과 연결성' 높은 브랜드 구축
SNS 기반 학습 공유 모임	인스타그램 수업 피드백, 유튜브 수업 브이로그 운영	확산력 있는 콘텐츠 → '디지털 영향력' 확보
타교 간 연합 연구회	교육청 주관 교사 연구회, 교사 학회 및 연수 참여	교육 담론 참여 → '교사 대표자'로서 신뢰 이미지 강화

단순한 정보 교류를 넘어 주도적으로 협업을 기획하고 실행하는 교사는 자신의 교육 철학과 역량을 자연스럽게 외부에 알릴 수 있으며, 이는 개인은 물론 동료와 학교 전체에도 긍정적인 파급 효과를 가져옵니다.

브랜딩은 관계 속에서 성장한다.

"그 선생님은 함께할 수 있는 사람이에요."

이런 말 한마디는 수많은 이력서보다 강력한 브랜드 언어입니다. 교사 간의 진심 어린 제안과 협업, 그리고 그 과정에서 실천이 동반될 때 브랜드의 핵심인 신뢰가 자라납니다.

브랜딩은 언제나 타인과의 연결 속에서 깊어집니다. 신뢰와 공동의 경험 속에서 자라는 '관계 기반 성장 모델'이야말로 교사 브랜딩의 진정한 기반입니다. 특히 교사 공동체 내에서의 활동은 지역사회와 학부모, 학생들에게까지 확산되며, 브랜드의 외연을 유기적으로 확장시키는 역할을 합니다.

자신의 전문성과 열정을 공동체 성장과 연결하고, 공동체의 신뢰를 다시 개인 브랜드로 되돌릴 수 있을 때, 교사의 브랜딩은 지속 가능한 강력한 영향력을 발휘하게 됩니다. 혼자 빛나는 것이 아니라, 함께 성장하며 더 넓게 퍼져나가는 브랜드가 바로 오늘날 교사가 지향해야 할 브랜딩의 방향입니다.

6-3 공동체 내 리더십 사례 기반 가치 전달

믿음을 이끄는 작은 실천

"선생님, 이번엔 우리 반도 참여할 수 있을까요?"

지역 초등학교의 작은 텃밭 가꾸기 프로젝트가 어느새 전 학년으로 확산되기 시작한 순간이었다. 처음엔 과학과 환경 교육의 하나로 시작한 실험적 활동이었지만, 학년을 넘어 교사들 간 자발적 협력이 이어졌고, 학부모까지 함께하는 공동체 프로젝트로 발전했다.

그 중심엔 한 명의 교사가 있었다. 그는 평소에도 동료 교사들의 의견을 경청하고, 학생들과의 소통을 중시하며 조용히 실천하는 태도로 신뢰를 쌓아왔다. 그는 명령하지 않았고, 앞서 끌고 가지도 않았다. 자신이 할 수 있는 만큼 묵묵히 실천했고, 이 모습이 동료 교사들의 공감을 이끌어낸 것이다. 리더십은 위에서 내려오는 것이 아니라, 곁에서 자라는 것임을 보여주는 장면이었다.

수평적 협력으로 자라는 신뢰

공동체 내 리더십은 공식 직함보다 관계의 신뢰를 바탕으로 형성됩니다. 특히 교육 공동체에서는 상명하달식 리더십보다 수평적 관계 속 자발적 협력과 역할 분담이 효과적입니다. 이를 가능하게 하는 핵심은 '듣는 리더십'입니다. 동료 교사의 의견을 귀 기울여 듣고, 작은 아이디어라도 실천으로 옮겨 공동의 프로젝트로 확장시키는 교사가 신뢰를 얻습니다.

예를 들어, '학급 간 독서 릴레이' 프로그램은 한 교사의 아이디어에서 출발했지만, 관련 도서를 추천하고 활동 방식을 조율하는 과정에서 여러 교사가 자연스럽게 참여하게 되었습니다. 어떤 반은 아침 모임 시간을 활용했고, 또 다른 반은 점심시간 독서로 연결하는 등 각자의 방식으로 참여했으며, 결과적으로 전 교과 협업 프로젝트로 발전했습니다. 공동체의 확장은 일방적 기획이 아니라 다양한 의견이 스며드는 열린 과정일 때 가능합니다.

교내외 프로젝트를 통한 브랜드 확장

학교의 정체성을 지역사회에 알리고 브랜딩하는 데에도 공동체 기반 리더십이 중요하게 작용합니다. 대표 사례로, 한 중학교에서 진행한 '마을 역사 지도 만들기' 프로젝트는 사회, 미술,

정보 교사들이 연계해 지도 제작과 스토리 수집, 디지털 편집까지 함께 추진한 활동입니다. 학생들은 마을 어르신들을 직접 인터뷰하고, 조사한 내용을 시각 자료로 표현하며 역사와 공동체 의식을 체득했습니다.

이 과정에 지역 주민들이 인터뷰 주체로 참여했고, 완성된 자료는 지역 박람회에 전시되면서 학교의 교육력이 외부에 자연스럽게 알려졌습니다. 이와 같은 프로젝트는 교사 개인의 브랜딩을 넘어서, 학교 공동체 전체의 브랜드를 지역사회에 확장시키며, 협력적 리더십의 성과를 외부와 공유하는 구심점이 됩니다.

실천을 통해 전해지는 리더십의 가치

공동체에서의 리더십은 선언보다 실천을 통해 신뢰를 얻습니다. "말보다 먼저 움직이는 사람"에게 사람들은 자연스레 귀 기울입니다. 특히 교육 현장에서는 작은 행동이 곧 리더십의 언어가 됩니다. 회의에서 아이디어를 제시하는 것도 중요하지만, 그것을 구체화하는 첫 행동이 더 큰 의미를 갖습니다.

한 초등학교에서는 '환경을 위한 하루 한 가지 실천'을 주제로 각 학급이 한 주간 활동을 공유하는 프로그램을 진행했습니다. 중심 교사는 매일 자투리 종이 활용, 재사용 용기 들고 다니기 등 작지만 지속 가능한 실천을 블로그와 학급 SNS에 기록하며, 다른 교사들의 자발적 참여를 유도했습니다. 댓글과 '좋아요' 기능을 통해 활동이 확산되었고, 이후 다른 학교에서도 벤치마킹 사례로 소개되기도 했습니다. 이처럼 실천은 자연스러운 가치 전달의 방식이며, 공동체 내 신뢰를 구축하고 리더십을 확장하는 핵심 요소입니다.

[표 14] 공동체 기반 리더십 확장의 핵심 요소 요약

핵심 요소	설명
수평적 소통	명령이 아닌 공감과 경청을 기반으로 한 협력
자발적 참여	구성원의 자율성과 주체성을 존중하는 분위기 형성
실천 중심의 리더십	말보다 행동으로 보여주는 지속적 실천
교내외 프로젝트 연계	공동체 가치를 외부와 연결하는 실천적 활동
신뢰 기반 관계 확장	지속적인 관계 맺기와 감정적 교류를 통한 리더십 구축

공동체는 혼자서 만들 수 없습니다. 그러나 한 사람의 따뜻한 실천은 공동체의 리더십 문화를 변화시키는 씨앗이 됩니다. 열정 교사처럼 묵묵한 실천과 경청의 자세를 가진 교사들이 모일 때, 학교는 신뢰의 공간이 되고, 그 안의 모든 이야기는 자연스럽게 세상과 연결되는 브랜드가 됩니다. 이 브랜드는 단순한 홍보를 넘어, 지역사회와 학부모가 학교에 대해 느끼는 신뢰와 공감으로 나타나며, 교육 공동체의 지속 가능성을 뒷받침하는 힘이 됩니다.

제 7 장

AI 기반
브랜드 강화 전략

"기술은 확장이다.
그러나 진심은 대체되지 않는다."

AI는 교사의 도구이며,
데이터를 활용해 브랜드 정체성과
수업 효과를 함께 높일 수 있습니다.

AI는 수업의 효율성을 높이고 교사의 전문성을 확장하는 중요한 도구입니다. 데이터를 기반으로 한 맞춤형 수업 설계는 교사의 브랜드를 한층 더 명확하게 드러나게 합니다. 그러나 기술만을 맹신하는 것은 인간적 상호작용을 약화시킬 수 있습니다.

이 장에서는 기술과 인간성을 조화롭게 활용하는 전략을 살펴봅니다.

생각해 볼 질문

Q. AI 도구를 활용할 때, 내 수업의 '사람 냄새'는 어떻게 유지되고 있는가?

7-1 AI 도구를 활용한 수업 및 평가 혁신

작은 깨달음에서 시작된 변화

"선생님, 오늘 수업 진짜 재밌었어요. 그런데 이거 AI가 알려준 거예요?" 6학년 담임을 맡은 윤지우 선생님은 당황하면서도 웃으며 대답했다.

"맞아, 이건 AI랑 내가 같이 준비한 수업이야."

학생의 순수한 질문 하나가 윤 선생님의 마음을 흔들었다. 그날 이후 윤 선생님은 기존 수업 방식에 작은 실험을 추가해보기로 했다. 그는 다음 과학 수업에서 생성형 AI를 활용해 학생들과 함께 '식물의 광합성'에 관한 퀴즈를 만들고, 그 결과를 반 친구들과 공유하도록 유도했다. 학생들은 AI가 생성한 예상 질문을 분석하고, 서로의 질문을 평가하면서 자연스럽게 개념을 깊이 이해하게 되었다.

윤 선생님은 이 경험을 통해 AI가 단순히 정보를 전달하는 수단을 넘어, 학습자 중심의 사고를 자극하는 매개체로 기능할 수 있음을 체감하게 되었다. 그동안 주입식 설명 중심의 수업에 익숙해졌던 그에게, AI 도구는 '새로운 교실'을 여는 열쇠였다. 그리고 그 순간, 윤 선생님은 AI는 단순한 기술이 아니라, 자신의 교육 철학을 섬세하게 표현해 주는 브랜딩 도구임을 알게 되었다.

수업 디자인의 '숨은 파트너'

AI는 교사의 자리를 대신하는 존재가 아닙니다. 수업이 끝난 후, 윤 선생님은 학생들에게 간단한 피드백 설문을 진행하였고, 대부분 학생이 "오늘 수업이 눈에 잘 들어왔다"라거나 "그림과 질문 덕분에 더 쉽게 이해됐다"라는 반응을 보였습니다.

윤 선생님은 수업 후 교사 회의에서 이 경험을 공유하며, "AI가 있어도 결국 수업을 이끄는 건 교사다. 다만 더 정교한 조력자를 얻은 느낌이다"라고 소감을 말했습니다. 학생들은 주제에 대한 이해뿐만 아니라, 정보 분석과 의견 표현에도 훨씬 적극적인 태도를 보였으며, 윤 선생님은 이후 유사한 방식의 수업을 타 단원에도 확장 적용하기로 했습니다.

AI는 오히려 교사의 전문성과 창의성을 더욱 빛나게 해주는 '보조자'로서 기능합니다. 예를 들어, 수업 주제를 설계할 때 AI 기반 콘텐츠 분석 도구를 활용하면 학습자의 수준과 흥미를 반영한 주제를 빠르게 도출할 수 있습니다.

실제 중학교 사회과 담당 박 선생님의 사례를 보면, '기후 위기' 단원을 AI를 통해 시각 자료와 토론 질문으로 재구성하여, 학생들의 참여율을 두 배 이상 끌어 올릴 수 있었습니다. 단순한 정보 검색이 아닌, 주제 구조화와 수업 흐름 구성이 AI의 지원을 받은 결과였습니다.

평가 방식의 '혁신 파트너'

AI는 평가 영역에서도 교사의 정체성을 드러내는 중요한 역할을 합니다. 특히 루브릭* 기반의 자가 평가에서 그 진가를 발휘합니다. 루브릭은 학생의 수행 과제를 평가할 때 기준 요소, 성취 수준, 그리고 수준별 설명을 명확히 제시하는 도구로, AI는 이를 기반으로 학생에게 맞춤형 피드백을 제공합니다.

예를 들어, '의사소통 능력', '논리적 전개', '창의성'과 같은 평가 항목을 기준으로 학생의 글쓰기 결과를 분석하여, 각 항목에 대한 성취 수준(예: 우수, 보통, 미흡)을 판단하고 간단한 코멘트를 생성합니다. 학생은 이 피드백을 바탕으로 스스로의 강점과 보완점을 파악하고 다음 과제를 계획하게 됩니다.

이 과정은 교사가 루브릭을 설계하고 AI가 그 평가를 보조하

---

* 루브릭(Rubric): 학습자의 수행 과제를 평가하기 위한 기준표로, 평가 요소와 각 수준별 성취 기준이 명확히 제시되어 있어 공정하고 일관된 평가를 가능하게 한다.

면서 학습자의 성찰과 성장 중심 평가를 가능하게 하는 이상적인 협업 구조라 할 수 있습니다. 특히 서술형 평가에서 AI는 학생들의 응답 내용을 분석하여 피드백 유형을 제안하거나, 오답 패턴을 정리해 주어 교사의 평가 역량을 강화시켜 줍니다.

초등학교 5학년을 맡은 김 선생님은 AI로 학습 일지를 분석해 학생 개개인의 성장 그래프를 제시해 주었습니다. 아이들은 자신의 변화 과정을 직접 눈으로 확인하며 자발적인 성장을 경험했고, 학부모도 신뢰를 보냈습니다. 이는 '교사-학생-학부모' 간의 신뢰 브랜딩을 촉진하는 효과로 이어졌습니다.

수업 시나리오의 실제 흐름

초등학교 6학년 사회 수업에서 AI를 활용한 수업 시나리오가 실행되었습니다.

주제는 '2050년 지구는 살기 좋은 곳일까?'였고,

1차시에는 AI 챗봇을 활용해 학생들의 문제의식을 자극하는 질문을 던졌습니다. AI는 관련 뉴스를 요약해 주며 학생들의 관심을 끌었습니다.

2차시에는 학생들이 각자 관심 있는 환경 분야를 골라 AI 요약 도구를 통해 정보를 수집하고, 토론을 통해 그 신뢰도를 판단했습니다.

3차시에는 생성형 AI가 제시한 주장과 반론을 바탕으로 역할극 토론을 진행해 다양한 관점을 학습했습니다.

4차시에서는 학생들이 자기 입장을 글로 정리하고, AI가 논리와 표현을 중심으로 피드백을 제공했습니다. 마지막

5차시에는 AI가 제시한 루브릭을 활용해 자가 평가를 시행하고, 교사와의 상담을 통해 학습 내용을 정리했습니다.

이처럼 AI는 수업 전반에서 교사의 설계를 보조하며 학생들의 사고력과 참여도를 높였습니다. 중요한 점은 AI가 아닌 교사가 수업의 흐름과 방향을 주도했다는 것입니다.

[표 15] AI 활용 수업 흐름과 교사 브랜딩 효과 예시

수업 단계	AI 활용 예시	브랜딩 효과
주제 탐색	생성형 AI 질문 생성 도구 활용	교사의 창의성과 시사성 강조
자료 분석	AI 요약 도구로 핵심 정보 제공	학생 맞춤형 지도 이미지 형성
활동 설계	시뮬레이션 대화, 게임, 토론 구성 지원	참여 중심 수업의 설계자 이미지
평가 및 피드백	루브릭 평가, 피드백 제안	성장 중심 지도 이미지 강화

교사 브랜딩의 정밀 조율 도구

결국 AI는 교사의 교육적 가치와 철학을 구체화하고, 일관성 있게 표현하는 '정밀 조율 도구'가 됩니다. AI 도구를 효과적으로 활용한 수업은 단순히 기술 활용 능력을 드러내는 것이 아니

라, '김 교사만의 수업 스타일', '학생을 중심에 두는 수업 설계
자'라는 이미지를 형성해 줍니다.

브랜딩은 보여주는 기술이 아니라, 쌓아가는 진정성입니다. 실
제로 충북의 한 초등학교 김 선생님은 AI 활용 수업을 통해 '학
생 중심 수업'이라는 자신의 교육 철학을 자연스럽게 드러내며,
학부모와 동료 교사들 사이에서 신뢰받는 브랜드로 자리 잡게
되었습니다.

그는 "AI는 제 수업의 틈을 메우는 조력자일 뿐, 방향을 제시
하는 건 여전히 저 자신입니다"라고 말합니다. 여러분의 교실에
서 AI는 어떤 방식으로 함께하고 있나요? 지금의 수업 흐름에
작지만 의미 있는 변화를 주기 위해, 어떤 조력자가 필요하다고
느끼시나요?

AI는 교사의 진정성을 드러내기 위한 디테일한 조력자입니다.
도구의 이름보다는, 언제 어떤 맥락에서 어떤 방식으로 활용할지
를 설계하는 것이야말로 교사 브랜딩의 핵심 역량입니다.

7-2 데이터 기반 브랜딩 진단 사례

변화는 작은 데이터에서 시작된다.

"선생님, 지난주에 아이들이 더 집중했어요. 혹시 뭐 달라진 거 있으세요?"

담임 5년 차인 중학교 2학년 국어 담당 김영호 선생님은 뜻밖의 피드백을 받았습니다. 평소보다 수업 분위기가 확연히 좋아졌다는 반응이 교사들 사이에서 전해졌습니다. 특별히 새로운 교수법을 도입한 것도, 교실 배치를 바꾼 것도 아니었습니다. 달라진 것은 단 하나, 자신의 수업 영상을 AI 분석 시스템에 업로드하고 학생 반응 데이터를 기반으로 수업 중 제시하는 질문의 구조를 약간 조정한 것입니다.

그 작은 조정 하나가 교실 전체 분위기를 바꾸었습니다. 데이터 기반 브랜딩은 거창한 기술이 아니라, 작지만 정교한 수정을 가능하게 하는 '교사 맞춤형 거울'과도 같습니다. 김 선생님은 말합니다. "수업을 더 잘하고 싶다는 마음은 항상 있었지만, 구체적으로 뭐가 문제인지 몰랐어요. 이제는 감이 아닌 데이터를 통해 저 자신을 돌아볼 수 있게 됐어요."

그는 이전까지 학생들의 눈빛이나 분위기로 수업 반응을 가늠했지만, AI 분석을 통해 질문 후 반응 시간이 너무 짧거나 특정 학생만 자주 반응하는 경향이 있음을 깨달았습니다. 이를 보완한 후, 발표 시간이 되면 평소 조용했던 민지 학생이 스스로 손을 들고 의견을 말했고, 수업 후 "오늘 질문이 더 흥미로웠어요"라는 반응을 처음 들었습니다. 김 선생님은 그 순간, 데이터가 단순한 숫자가 아니라 교실의 보이지 않던 가능성을 열어주는 열쇠임을 실감하게 되었습니다.

데이터는 교사의 브랜드를 비추는 거울

AI는 교사의 브랜드를 스스로 점검하고 성장시킬 수 있는 강력한 보조자입니다. 특히 수업 영상, 피드백 기록, 학습자 반응 데이터를 정제하고 시각화하는 시스템은 '무엇을 개선할 것인가'를 명확하게 보여줍니다.

예를 들어, 한 교사는 발표 시간에 특정 학생만 자주 지목하고 있다는 사실을 데이터를 통해 확인했습니다. AI는 학생별 참여 빈도, 질문 반응 시간, 비언어적 표현 등을 분석하여 균형 잡힌 참여 구조를 제안해 주었습니다. 이를 통해 교사는 자신의 무의식적 편향을 깨닫고, 이후 수업에서는 다양한 학생에게 기회를 제공하게 되었고, 학급 만족도 역시 높아졌습니다.

수업 중 교사는 학생 이름을 불러가며 고르게 질문을 던졌고, 평소 말이 없던 학생들도 점점 참여하기 시작했습니다. 특히 정현 학생은 "선생님이 제 이름을 불러줘서 깜짝 놀랐어요. 그 뒤로 발표를 더 해보려고 노력 중이에요"라고 말하며 변화를 보여 주었습니다.

이처럼 AI는 교사의 수업 언행과 학생 반응의 흐름을 분석함으로써, 기존에 인지하지 못했던 수업 스타일의 특성을 명확히 드러내 줍니다. 이를 통해 교사는 자신만의 브랜드 정체성을 더욱 선명하게 가다듬을 수 있습니다.

수업 브랜딩 진단 시나리오

서울의 한 중학교에서 진행된 'AI 기반 수업 브랜딩 진단실*'은 이 흐름을 잘 보여줍니다. 2학년 국어 교사 장분석 선생님은 매주 1시간씩 자신의 수업을 촬영하고, 해당 영상을 AI 시스템에 업로드하였습니다. 영상은 자동으로 분절되어 장면별로 태그가 붙고, 학생들의 시선 방향, 표정 변화, 소리 반응 등을 종합

---

* AI 기반 수업 브랜딩 진단실: 교사의 AI 활용 수업 역량과 수업에서 나타나는 브랜드 특성을 진단하고 피드백하는 프로그램 또는 공간으로, 수업의 차별성과 교사의 교육 철학이 드러나는 수업 브랜딩을 체계적으로 점검·개선하는 데 목적이 있다.

분석하는 알고리즘이 작동하였습니다.

이 AI 분석은 세 가지 주요 영역에서 결과를 제공합니다. 먼저, 수업 장면별로 학생들의 집중도와 반응도를 열지도 형태로 시각화한 '히트맵'이 제공됩니다. 이를 통해 교사는 어떤 순간에 학생들이 몰입하고 있는지를 직관적으로 확인할 수 있습니다.

다음으로는 교사의 대화 유형이 분석됩니다. 정보 제공, 질문 유도, 정서적 반응 등 말의 성격이 구분되어 비율로 표시되며, 특정 발화 패턴이 수업에 어떤 영향을 미치는지 파악하는 데 도움이 됩니다.

마지막으로 학생 참여도의 흐름이 시간대별로 시각화되어 제공됩니다. 이를 통해 장 선생님은 수업의 어느 시점에서 학생 참여가 활발하거나 저조한지를 파악할 수 있었습니다.

이러한 분석을 바탕으로 장 선생님은 수업 도입부의 설명이 길다는 점과 질문 유도가 충분하지 않다는 점을 확인하였습니다. 이후 짧은 문제 중심 도입과 '탐색형 질문'의 비중을 늘렸고, 그 결과 학생들의 발표 참여가 약 20% 증가하였으며, 평가회에서도 "이해가 잘 되고 재미있다"라는 피드백이 급증했습니다.

교사 브랜딩에 있어 데이터가 주는 통찰

실제로 데이터를 마주한 여러 교사는 자신의 강점뿐 아니라 놓치고 있던 수업 습관을 발견하게 되었다고 말합니다. 예를 들어, 한 교사는 "나는 활발하게 소통한다고 생각했는데, 데이터를 보니 전체 학생 중 30% 이상은 한 번도 질문을 받지 못했더라고요"라고 고백하며, 이후 일부러 소극적인 학생에게 더 많은 기회를 제공하려 노력했습니다.

이처럼 AI 분석은 교사로 하여금 자율적인 성찰과 실천의 과정을 유도하며, 브랜드 정체성을 더욱 뚜렷하게 만들어 주는 기반이 됩니다.

우선, 감이나 평판에 의존하던 영역을 구체적인 수치와 패턴으로 진단할 수 있다는 점에서 객관성을 제공합니다. 이는 교사 스스로 자신의 수업을 더 명확히 인식할 수 있도록 돕습니다.

또한, 한 학기 동안의 수업 흐름을 요약해 보여주는 리포트를 통해 시간을 절약하면서도 핵심 개선점을 빠르게 파악할 수 있습니다. 반복되는 피드백과 성찰을 통해 교사는 점점 더 지속적으로 성장하고 자신만의 색을 확립해 나갈 수 있습니다.

하지만 주의할 점도 있습니다. AI 도구는 '결과'가 아니라 '과정의 거울'일 뿐이며, 해석과 적용은 결국 교사의 몫입니다. 데이터를 수동적으로 받아들이는 것이 아니라, 자신의 철학과 수업 목표에 맞게 재구성하는 능력이 필요합니다.

정교한 성찰, 그 위에 세워지는 브랜드

브랜딩은 거창한 이름표를 다는 일이 아니라, 교사로서의 존재 방식과 신념을 '학생과 만나는 장면' 안에 자연스럽게 스며들게 하는 일입니다. 데이터를 활용한 수업 진단은 이러한 브랜딩의 밑그림을 그리는 데 유용한 도구입니다.

AI는 교사 앞에 놓인 또 하나의 거울입니다. 그 거울에 비친 자신의 모습이 낯설게 느껴질 수도 있지만, 바로 그 지점에서 진짜 성장이 시작됩니다.

정확한 진단 위에 따뜻한 피드백을 추가할 수 있다면, 교사의 브랜드는 더 단단하고 섬세해질 것입니다. 앞으로는 이러한 데이터를 주기적으로 점검하고, 팀 단위로 공유하여 상호 피드백하는 방식의 실천 전략도 시도해 볼 수 있습니다. 개인을 넘어 교직 사회 전체의 전문성을 키우는 데 AI가 더 큰 역할을 할 수 있을 것입니다.

7-3 AI 시나리오 기반 도구 활용 전략

질문 하나로 시작된 변화

"내가 하는 수업, 학생들에게 정말 의미 있을까?"

하루 일과를 마치고 텅 빈 교실에 앉은 김 선생님은 책상 위에 쌓인 평가지와 회의 자료를 물끄러미 바라보았습니다. 성적은 기대 수준을 충족했고, 학부모의 평가도 호의적이었지만 마음 깊은 곳엔 허전함이 남아 있었습니다. '오늘 수업이 아이들에게 어떤 울림을 남겼을까?', '단지 교과서 내용만 전달하는 수업이 되어버린 건 아닐까?' 그는 자신에게 되물었습니다.

그 순간, 김 선생님은 자신이 추구하는 교사의 정체성이 단지 지식을 전달하는 역할만으로는 온전히 드러날 수 없다고 생각했습니다. 진정한 교육은 수업의 내용만으로 이루어지는 것이 아니라 그것을 어떻게 설계하고, 학생들과 어떤 방식으로 소통하며,

나의 가치와 철학이 어떤 방식으로 반영되느냐가 훨씬 더 중요하다는 것을 깨달았습니다.

그날 저녁 김 선생님은 준비한 AI 기반 수업 시뮬레이션 도구를 실행해보았습니다. 자신의 수업안을 입력하고 다양한 가상 상황을 시뮬레이션하자, 어디서 수업이 막힐 수 있는지, 어떤 질문이 참여를 유도할 수 있는지를 미리 확인할 수 있었습니다. 이 첫 경험은 수업을 객관적으로 점검하고 개선 방향을 구체화하는 계기가 되었습니다.

시나리오 기반 도구란 무엇인가?

AI 시나리오 기반 도구는 교사가 다양한 수업 상황을 가상으로 시뮬레이션하고, 그 결과를 바탕으로 수업 전략을 정밀하게 설계할 수 있도록 돕는 디지털 플랫폼입니다.

예를 들어, '학생 참여가 활발한 경우', '학생 간 갈등이 발생한 경우', '학습 수준 차가 큰 구성' 등 다양한 변수를 설정해 수업의 흐름과 반응을 예측할 수 있습니다. 이를 통해 교사는 수업 전 발생할 수 있는 변수를 고려하여 안정적인 수업을 설계할 수 있습니다.

이 도구는 대부분 웹 기반으로 제공되며, 직관적인 인터페이스를 통해 드래그 앤 드롭 방식으로 수업 흐름을 구성하고 조건을 조정하며 시뮬레이션을 실행할 수 있습니다.

교사 브랜딩을 정교하게 다듬는 도구

AI 시나리오 도구는 단순한 수업 설계 지원을 넘어, 교사의 교육 철학과 수업 스타일을 구체화하고 외부에 전달할 수 있는 도구입니다. 교사는 다양한 시나리오를 통해 자신의 교육 방향을 반복적으로 점검하고 정제하면서, '나만의 수업 방식'을 세워갈 수 있습니다.

예를 들어 협동학습 중심 수업을 선호하는 교사는 협동 활동 시 갈등 가능성, 참여율 변화, 과제 성과 등을 시뮬레이션하여 구체적인 대안을 마련할 수 있습니다. 이는 단순한 준비가 아니라, 철학이 반영된 수업을 실현하는 과정입니다.

김 선생님은 자신이 분석한 수업 결과를 교내 연구회에서 공유했고, 동료 교사들로부터 참관 요청을 받기도 했습니다. AI 시나리오 도구를 기반으로 한 수업 설계는 자연스럽게 교육적 신뢰를 형성하고, 교사로서의 브랜드를 교실 밖으로 확장시키는 데 도움이 되었습니다.

이러한 경험은 '어떻게 가르치는가?'를 넘어 '왜 그렇게 가르치는가?'를 설명할 수 있는 자기 인식을 높여주며, 수업 후 성찰이나 연수 자료 작성 등 다양한 교육활동에서도 유용하게 작용합니다.

실제 수업 적용 사례: 갈등 해결 수업

부산의 한 초등학교 6학년 담임인 유 선생님은 국어 수업에서

'갈등 해결'을 주제로 수업을 설계했습니다. AI 시나리오 도구를 활용하여 수업 흐름을 입력하고, '학생 간 의견 충돌'과 같은 변수를 반영해 수업이 어떻게 전개될지 예측했습니다.

그 결과, 특정 활동에서 의견 충돌이 장기화될 때 수업 전체 흐름이 지연되고 분위기가 위축될 가능성이 나타났습니다. 이에 유 선생님은 사전에 '의견 차이를 존중하는 말하기 연습'을 도입하기로 했습니다. 학생들은 문장 카드와 역할극을 통해 예의 있는 표현을 연습하였습니다.

수업 당일, 예상대로 의견 충돌이 발생했지만, 학생들은 연습한 표현을 사용하며 자율적으로 갈등을 해결해 나갔습니다. "그건 나는 좀 다르게 생각하는데, 너는 어떻게 생각해?"라고 말한 한 학생의 태도는 학급 분위기를 부드럽게 만들었습니다. 유 선생님은 이 경험을 통해 '학생 자율성과 감정 조절을 중시하는 교사'라는 이미지를 주변에 자연스럽게 전달할 수 있었습니다.

AI는 교사의 조용한 조력자

AI 시나리오 기반 도구는 교사의 판단을 대체하는 것이 아니라, 다양한 가능성과 결과를 미리 보여주어 더 나은 결정을 도울 수 있는 '조용한 조력자'입니다.

AI가 제시하는 분석은 마치 옆에서 함께 고민해 주는 동료처럼, 교사의 철학에 맞는 방향을 선택할 수 있도록 지원합니다. 핵심은 기술이 아니라, 그것을 어떻게 활용하느냐에 있습니다.

수업 설계는 언제나 교사의 철학과 목표로 출발해야 하며, AI는 그 방향을 점검하고 보완하는 도구로써 활용되어야 합니다. 이런 활용 방식은 AI 도구를 처음 접하는 교사들에게도 효과적이며, 수업 역량을 체계적으로 성장시킬 수 있는 기반이 됩니다.

[표 16] AI 시나리오 기반 수업 설계 흐름 예시

단계	설명
1. 수업 목표 설정	교사의 교육 철학에 따른 수업 목표 수립
2. 수업 흐름 입력	도입, 전개, 정리 단계로 나누어 활동 구성
3. 가상 상황 설정	참여도, 갈등, 학습 격차 등 다양한 변수 설정
4. 결과 시뮬레이션	예상 반응, 문제 발생 지점 시각화 및 분석
5. 수업 수정 및 강화	위험 요소 보완, 학생 참여 유도 전략 추가
6. 실제 수업 실행	수정된 수업안 실행 후 피드백 반영 및 개선

수업을 넘어 브랜드로 확장되는 도구

AI 시나리오 도구는 단순한 수업 설계 지원을 넘어, 교사의 교육 철학과 수업 스타일을 구체화하고 이를 실천으로 연결해 주는 강력한 도구입니다. 이 도구는 교사가 중요하게 여기는 가치인 자율성, 협력, 비판적 사고를 수업에 자연스럽게 반영할 수 있도록 돕습니다. 단순히 수업을 효율적으로 구성하는 것을 넘어, 교사만의 교육적 철학이 살아 있는 수업 장면을 구현하는 데 기여합니다.

가상의 시나리오를 통해 학생 참여 저하나 갈등 상황을 예측하면, 수업 흐름을 유연하게 조정하고 돌발 상황에도 능동적으로 대처할 수 있습니다. 이는 수업의 완성도를 높이는 동시에 교사의 전문성과 대응력을 강화하는 과정입니다. 또한 시뮬레이션 분석 결과는 블로그, 연수 자료, 교사 연수회 등에서 공유되어 교사 개인의 수업 철학과 전문성을 외부에 알릴 수 있는 좋은 계기가 됩니다.

"교사는 콘텐츠를 전달하는 사람이 아니라, 가치와 철학을 실현하는 사람이다"라는 말처럼, AI 시나리오 도구는 교사의 철학을 실제 수업으로 연결해 주는 다리 역할을 합니다. 이를 통해 교사는 교실 안팎에서 자신만의 교육 브랜드를 자연스럽게 형성해 나갈 수 있습니다.

제 8 장

윤리와 위기 대응으로 지키는 브랜드 신뢰

"디지털 시대의 교사는,
보이지 않을 때 더 윤리적이어야 한다."

8-1 교사의 AI 활용 윤리 원칙 정리

8-2 온라인 갈등 발생 시 대응 가이드

8-3 위기 커뮤니케이션 전략을 통한 신뢰 회복

디지털 시대의 신뢰는
윤리적 판단과 위기 대응 능력에서
시작됩니다.

온라인 환경에서는 작은 실수도 브랜드에 큰 영향을 미칠 수 있습니다. 예를 들어, 의도치 않게 올린 SNS 게시글 하나가 오해를 불러일으킬 수 있습니다. 따라서 윤리 의식과 위기 대응 능력은 브랜드 유지의 핵심입니다.

이 장에서는 디지털 윤리 기준과 신뢰 회복 전략을 실용적으로 제시합니다.

생각해 볼 질문

Q. 디지털 공간에서 나는 어떤 기준으로 말하고 행동하고 있는가?

8-1 교사의 AI 활용 윤리 원칙 정리

AI가 대신한 숙제, 교사의 선택

"선생님, 얘가요, 어제 저한테 AI로 숙제 대신해달라고 했어요."

갑작스러운 학생의 고백에 김 선생님은 순간 멈춰 섰습니다. 부모 상담과 수업 준비로 분주한 아침, 이 한마디는 하루를 통째로 흔들어 놓을 만큼 충격적이었습니다.

이제 AI는 교실 안에서 조용한 조력자 역할을 하고 있습니다. 그러나 그 편리함이 '정직'과 '책임'이라는 교육의 본질을 위협할 수 있습니다. 숙제를 대신하는 AI를 두고 교사는 교육적 가치를 기준으로 판단해야 합니다.

기술이 일상이 된 지금, 교사는 단순한 지식 전달자를 넘어 매 순간 선택의 갈림길에 서 있습니다. 학생에게 어떤 기준을 심어

주고 어떤 태도를 보일지가 곧 교사의 정체성과 브랜드를 결정합니다.

AI의 가능성이 커질수록 교사는 더욱 분명한 철학과 기준으로 기술을 활용해야 하며, 정직과 책임이라는 핵심 가치를 지켜야 합니다.

교사의 신뢰를 지키는 윤리 기준

AI는 수업, 평가, 행정 업무 등 교사의 다양한 역할을 보완하는 유용한 도구입니다. 하지만 이 도구의 활용에는 반드시 윤리적 기준이 함께해야 합니다. 그것은 바로 '신뢰'와 '책임'입니다.

교사가 AI를 사용할 때는 학생의 개인 정보가 노출되지 않았는지, AI가 생성한 콘텐츠에 오류나 편향이 없는지, 그리고 기술 사용이 인간적인 상호작용을 침해하지는 않았는지를 항상 점검해야 합니다. 교사의 브랜드는 겉으로 보이는 이미지가 아니라, 매일의 실천 속에서 드러나는 신념과 태도에 의해 형성됩니다.

기술을 '어떻게' 활용하느냐보다 '왜' 그렇게 활용했는지가 교사의 정체성과 직결됩니다. 윤리적 판단을 일관되게 실천하는 태도는 교사의 교육 브랜드를 지속할 수 있게 만드는 핵심 요소입니다.

AI 활용 시 실천해야 할 원칙

AI를 교육 현장에 적용할 때는 세 가지 실천 원칙을 기억해야 합니다.

첫째, 학생과 학부모에게 AI 활용의 목적과 한계를 명확히 안내해야 합니다. 예를 들어 "이 도구는 아이디어를 확장하는 데 도움을 줄 뿐, 완성된 글을 대신하지는 않습니다."와 같은 설명이 필요합니다.

둘째, AI 도구는 어디까지나 학습을 보조하는 수단일 뿐이며, 학습의 중심은 항상 학생이어야 합니다. 교사는 AI가 정답을 제시하는 기계가 아니라 사고력과 창의성을 자극하는 촉진자 역할을 하도록 설계해야 합니다.

셋째, AI의 결과물은 오류나 편향이 있을 수 있으므로 반드시 교사가 검토하고 수정하는 절차를 거쳐야 합니다. AI의 결과를 생각 없이 수용하는 것은 교사의 책임을 회피하는 것이며, 학생에게 왜곡된 정보를 전달할 수 있습니다. 따라서 출처를 명확히 하고 교육적 맥락에 맞게 조정하는 태도가 필요합니다.

☐ 1분 점검: 나는 AI를 윤리적으로 잘 활용하고 있을까?

- AI 사용 목적을 명확히 전달하고 있는가?
- 생성된 결과물을 검토하고 수정했는가?
- 학생의 주도성을 유지하며 AI를 활용하고 있는가?

위기 상황에 대한 윤리적 대응 기준

다음은 수업 현장에서 발생할 수 있는 실제 위기 상황입니다. 각 상황에서 어떤 윤리적 기준이 필요한지 함께 고민해 보겠습니다.

상황 1

학생이 AI로 작성한 과제를 제출했지만, 해당 내용이 다른 자료를 그대로 베낀 것이었음. 이 사실을 알고도 학부모는 "요즘 애들 다 그렇게 해요"라며 항의합니다. 이때, 교사는 어떻게 대응해야 할까요?

상황 2

동료 교사가 AI로 평가 기준을 만들었지만, 일부 표현이 차별적이라는 사실을 발견했습니다. 이 문제를 어떻게 지적하고 함께 해결해 나갈 수 있을까요?

이러한 상황에서는 기본적인 윤리 기준이 필요합니다. 학생에게는 표절의 문제를 분명히 인식시키고, 정직함의 중요성을 강조해야 합니다. 학부모와의 소통에서는 학교의 윤리 기준과 교육 방향을 침착하게 설명하며, 감정보다는 원칙에 기반한 태도로 대화하는 것이 바람직합니다.

또한, 동료 교사와 협업할 때도 윤리적 기준은 양보할 수 없는 가치로 지켜져야 합니다. 문제가 생겼을 경우, 비난보다는 개선을 위한 열린 대화를 유도하고, 필요하면 학교 내 협의 체계를 통해 함께 해결책을 마련하여야 합니다.

윤리 습관이 만드는 신뢰의 브랜드

AI 시대의 교사는 단순한 기술 사용자가 아니라, 정보의 흐름을 해석하고 가치를 전달하는 조율자입니다. 신뢰와 책임을 중심에 둔 윤리적 태도는 교사의 브랜드를 견고하게 지탱하는 핵심입니다.

이러한 윤리 습관은 하루아침에 만들어지지 않습니다. 매 수업의 설계, 학생과의 대화, 콘텐츠 구성 등 모든 교육활동 속에 윤리적 성찰이 녹아 있어야 합니다. 그래야만 교사의 브랜드는 위기 속에서도 무너지지 않고 오히려 더 깊이 있는 신뢰를 얻게 됩니다.

윤리를 바탕으로 한 기술 활용은 교사의 신뢰를 유지하는 데 가장 효과적인 브랜딩 전략입니다.

아래의 체크리스트는 수업 준비, 과제 안내, 평가 설계 등 다양한 AI 활용 상황에서 교사가 스스로 점검할 수 있는 실천적 도구로 사용할 수 있습니다.

[표 17] AI 활용 시 교사의 윤리 체크리스트

항목	점검 내용	설명	예시 상황
1 개인 정보 보호 준수	학생의 이름, 얼굴, 학업 정보 등이 AI 도구에 노출되지 않았는가?	AI 입력에 민감한 개인 정보를 입력하지 않아야 하며, 플랫폼의 보안 수준도 점검해야 합니다.	수업용 PPT에 사진이 포함된 파일을 AI 요약기에 입력함
2 생성물 검토 및 수정	AI가 생성한 콘텐츠를 교사가 직접 확인하고 수정하였는가?	생성 결과에 오류나 편견이 있는지 확인하고, 교육적 맥락에 맞게 보완하는 작업이 필수입니다.	AI가 만든 평가 문항에서 차별적 표현이 포함된 것을 발견하지 못함
3.교육 목적의 명확성	AI 도구 사용의 목적이 학생과 학부모에게 명확히 전달되었는가?	단순 편의를 위한 사용이 아닌, 학습 보조 수단으로서의 목적을 분명히 알려야 합니다.	학부모에게 AI 활용 계획을 공유하지 않고 AI 과제만 제시함
4 학습 주체로서 학생 존중	AI 사용이 학생의 사고력, 창의성, 표현 능력을 침해하지 않았는가?	학생이 AI에 의존하지 않고 주도적으로 학습하도록 유도하는 구조가 필요합니다.	학생이 AI로 생성한 글을 그대로 제출해 글쓰기 능력이 저하됨
5.출처 명시, 표절 방지	AI가 생성한 내용에 대한 출처를 명시했는가? 표절 가능성은 없는가?	AI 결과를 사용할 경우, 생성 도구를 밝히고 원저작권을 침해하지 않도록 주의해야 합니다.	AI가 생성한 자료를 출처 없이 학급 신문에 사용함
6.신뢰 공정성 유지	AI 도입이 특정 학생에게 불공정 하거나 차별적으로 작용하지 않았는가?	누구나 동일하게 접근할 수 있는 기회를 제공하고, 기술 접근 격차를 고려해야 합니다.	일부 학생만 AI 도구를 사용할 수 있었고 다른 학생은 접근이 어려움

8-2 온라인 갈등 발생 시 대응 가이드

예기치 못한 댓글 하나, 교사의 하루를 흔든다.

"선생님, 학부모 커뮤니티에 선생님 이름이 올라왔어요."
오전 수업을 마치고 커피 한 모금을 마시는 순간, 동료 교사
의 한마디가 조용한 교무실의 공기를 바꾸어 놓았습니다. 아
이의 숙제 피드백이 '무성의했다'라는 학부모의 불만 글이 온
라인 커뮤니티에 올라온 것입니다. 해당 글에는 "다른 반 아
이들은 정성스러운 코멘트를 받았다는데, 우리 아이는 그냥
동그라미 하나뿐이었다"라는 표현이 포함되어 있었고, 댓글에
는 "요즘 교사들 피드백이 너무 형식적이다.", "소통이 아예
안 되는 것 같다"라는 비난성 반응이 빠르게 달리기 시작했
습니다. 곧이어 몇몇 익명의 댓글이 이어졌고, 사실관계와는
다른 해석이 교사의 평판에 영향을 미칠 수 있는 상황으로

번지기 시작했습니다.

　이처럼 온라인 공간은 순식간에 갈등이 증폭되고, 작은 오해가 교사의 전문성과 윤리성을 의심받는 위기로 번질 수 있는 무대가 됩니다. 그러나 중요한 것은, 이러한 위기 앞에서 교사가 보여 주는 태도와 대응 방식이 바로 '퍼스널 브랜드의 신뢰'를 결정짓는다는 점입니다.

브랜드를 지키는 첫 자세: 즉각적인 반응보다 신중한 분석

　온라인 갈등 상황에서 가장 흔한 실수는 '감정적 대응'입니다. 억울함이나 당혹감이 앞설수록 우리는 본능적으로 바로 해명하거나 반박하고 싶어집니다. 그러나 교사라는 직업의 특성상, 모든 대응은 개인을 넘어 교육기관 전체의 이미지와 직결되며, 브랜드의 장기적 신뢰성에도 영향을 미칠 수 있습니다.

　가장 먼저 해야 할 일은 갈등의 본질을 객관적으로 분석하는 일입니다. 이를 위해 교사는 몇 가지 질문을 스스로에게 던져볼 수 있습니다. 예를 들어, ①'이 갈등은 어떤 맥락에서 시작되었는가?', ②'게시자의 주장은 사실에 근거한 것인가, 감정적인 반응인가?', ③'내가 했던 발언이나 행동 중 오해를 불러일으킬 수 있는 표현은 무엇이었나?', ④'이 문제를 타인이 보았을 때 어떻게 해석할 수 있을까?'와 같은 질문을 통해 사안을 여러모로 검토하는 습관을 들이는 것이 중요합니다. 이러한 질문 리스트는 교사 본인의 감정에서 벗어나 사항을 구조적으로 이해하는 데 도움을 줍니다.

갈등이 발생한 플랫폼의 특성, 게시자의 의도, 내용의 신뢰도 등을 차분히 파악해야 합니다. 이 과정에서 제3자의 의견을 빌리는 것도 좋은 방법입니다. 예를 들어 동료 교사나 담당 장학사의 조언을 구하면 사안의 중대성을 정확히 판단하는 데 도움이 됩니다.

투명성과 정중함을 기본으로 한 대응 메시지

갈등이 확인되었을 때, 공식적인 의견을 밝힐 필요가 있다면 가장 중요한 원칙은 '공감'과 '정중함'입니다. 비록 오해라 하더라도, 문제를 제기한 측의 불편함을 먼저 인정하는 태도가 신뢰의 출발점이 됩니다. 예를 들어, 한 교사는 학부모가 '우리 아이에게만 피드백이 짧다'라고 지적하자, "그런 의도가 아니었지만 그렇게 느끼셨다면 죄송합니다. 모든 아이에게 정성을 다하고 있으나 전달 방식이 부족했을 수 있습니다."라고 공감의 말을 건넸습니다. 그 결과 학부모는 감정을 누그러뜨리며 "이해해 주셔서 감사하다"라는 반응을 보였고, 갈등은 더 이상 확산되지 않았습니다.

예를 들어 아래와 같은 문장은 진정성을 전하면서도 교사로서의 전문성과 윤리를 지킬 수 있습니다.

"말씀해 주신 내용에 대해 진심으로 귀 기울였습니다. 만약 이 과정에서 불편을 느끼셨다면, 교사로서 매우 안

타깝게 생각합니다. 전달 과정에서 오해가 있었다면 앞으로 더 주의 깊게 살피도록 하겠습니다."

또한, SNS나 공개 커뮤니티에 직접 대응할 경우, 개인적인 감정을 배제하고 공적 책임자로서의 정체성을 드러내야 합니다. 이때, 불필요한 언쟁이나 감정 유발 문장은 반드시 피해야 하며, 짧고 명료한 메시지로 사실관계만 정리하는 것이 좋습니다.

위기를 기회로: 신뢰 회복을 위한 후속 조치

브랜드의 진정한 힘은 위기 이후에 드러납니다. 온라인 갈등을 일회성으로 넘기기보다, 내부적으로 성찰과 개선의 기회로 삼을 때, 신뢰는 더욱 단단해집니다. 피드백을 기록으로 정리하고, 필요하다면 관련 내용을 학급 학부모에게 공지하거나, 향후 유사 상황을 예방하기 위한 개선 방안을 마련해야 합니다.

예를 들어, 숙제 피드백과 관련한 갈등이 발생했다면, 이후부터는 피드백의 일관성을 높이기 위한 표준화된 코멘트 양식을 만들거나, 학부모와의 소통을 강화하기 위한 주간 학급 소식지를 활용할 수 있습니다.

예를 들어, 코멘트 양식에는 '칭찬', '개선점', '다음 단계 제안'의 세 항목으로 구성된 간단한 틀을 활용할 수 있으며, 소식지에는 금주의 수업 내용 요약, 주요 알림 사항, 자주 묻는 질문과 답변 등을 포함하면 학부모와의 신뢰 있는 소통에 큰 도움이 됩니다.

✔ 실제 적용 예시

• 갈등 이후, 교사는 '피드백 가이드라인'을 제작해 모든 학생에게 균등한 코멘트를 제공

• 주 1회 학부모와의 소통을 위한 Q&A 게시판 운영

• 학교 차원에서 '학부모 커뮤니티 소통 매뉴얼'을 제작하여 전체 교직원과 공유

실전 훈련: 갈등 대응 시뮬레이션

다음은 실제로 교사들이 겪을 수 있는 온라인 갈등 상황을 바탕으로 한 시뮬레이션 문항입니다. 독자님께서도 직접 적용해 보시면 좋겠습니다.

□ 상황 예시

한 학생의 학부모가 SNS에 "우리 아이만 차별당했다"라고 주장하며 교사의 수업 방식에 문제를 제기했습니다. 익명의 댓글로 비난이 확산되는 상황입니다.

Q1. 이 상황에서 먼저 해야 할 조치는 무엇일까요?

① 즉시 댓글을 달아 해명한다.

② 학교 관리자와 상황을 공유한다.

③ 해당 학부모에게 개인적으로 연락한다.

④ 담임교사로서 공개 사과문을 작성한다.

정답은 ②입니다.

①번은 감정적인 대응으로 오해를 확대할 수 있으며, ③번은 비공식적 접촉으로 또 다른 오해를 낳을 수 있습니다. ④번은 사안의 본질 파악 없이 섣부른 사과가 되어 책임 소재를 혼동하게 만들 수 있습니다.

우선 상황을 학교 차원에서 공유하고, 조직의 판단과 보호 속에서 대응을 준비해야 합니다.

교사의 대응이 브랜드를 만든다.

결국 교사의 온라인 갈등 대응은 단순한 해명이나 방어를 넘어, 신뢰 기반의 브랜드를 구축하는 중요한 실천입니다. 침착하게 분석하고, 공감과 윤리를 바탕으로 한 소통을 실현하며, 갈등 이후의 피드백을 내면화하는 교사의 태도는 시간이 흐를수록 더 깊은 신뢰를 불러옵니다.

갈등은 피할 수 없는 현실이지만, 그 순간에 교사의 모습은 브랜드의 얼굴이 됩니다. 위기에서 보여주는 품격이 바로 '브랜드 지속성과 윤리'를 함께 지키는 교사의 진짜 모습이라는 점을 잊지 말아야 하겠습니다.

8-3 위기 커뮤니케이션 전략을 통한 신뢰 회복

신뢰를 흔든 질문 하나

"선생님, 어제도 영호한테는 아무 말 안 하고 넘어가셨잖아요. 왜 이번엔 저만 혼나요?"

6학년 담임 김 선생님은 순간적으로 말을 잃었습니다. 수업 도중 발생한 소란을 수습하려던 찰나, 특정 학생에게만 주의하라고 한 자신의 행동이 다른 학생들에게는 '불공정'하게 비쳤다는 것을 인지한 순간이었습니다. 교실 분위기는 급속히 경직되었고, 쉬는 시간에 찾아온 한 학부모는 날 선 말투로 항의했습니다.

"우리 아이 말 들어보니, 선생님이 편애하신다는 얘기까지 나오더라고요."

그날 이후 김 선생님은 자신이 오랜 시간 쌓아온 교육 철학과 교실 운영 방식이 단 몇 마디 오해로 무너질 수 있다는 사실을 절감했습니다. 그리고 이 작지만 예민한 위기 상황에 어떻게 대응하느냐에 따라, 학생과 학부모, 더 나아가 교육 공동체 전체로부터 얻은 신뢰가 달라질 수 있음을 깨달았습니다.

위기의 순간, 브랜드의 진짜 힘이 드러난다.

교사의 퍼스널 브랜딩은 단순히 수업을 잘하거나 행정 업무를 충실히 수행하는 데서 끝나지 않습니다. 오히려 위기 상황에서 드러나는 태도와 언행, 판단이야말로 그 브랜드의 진정성과 신뢰도를 결정짓습니다. 위기란 대체로 예고 없이 감정적으로 격화된 상태에서 발생하기 때문에, 평정심과 함께 신속하고 일관된 대응이 요구됩니다.

브랜드는 곧 축적된 신뢰입니다. 위기 상황에서 교사가 일관된 태도와 투명한 의사소통을 유지하며 책임감 있는 행동을 보일 때, 브랜드는 오히려 더 단단해질 수 있습니다. 반면, 단순한 변명이나 방어적 자세는 더 큰 반발을 초래할 수 있으며, 바로 이 지점에서 '위기 커뮤니케이션 전략'의 중요성이 강조됩니다.

위기 상황에서 교사가 실천해야 할 커뮤니케이션 전략

위기 발생 시, '모른 척'하거나 '시간이 지나면 괜찮아지겠지'라는 태도는 상황을 악화시킬 수 있습니다. 위기를 인지한 즉시, 학생과 학부모에게 솔직하게 사실을 확인하고 감정을 공감하며 인정하는 자세가 필요합니다. "그럴 수 있었겠네요. 제가 상황을 충분히 고려하지 못했습니다."라는 한마디는 방어적 해명보다 훨씬 효과적이며, 관계 회복의 시작이 됩니다.

위기 상황에서는 사실 관계의 정확성 못지않게 감정의 수습이 더 중요합니다. 갈등 당사자들과는 조용하고 안전한 공간에서 개별 면담을 진행하고, 상황을 정리한 후 학급 전체에 간접적으로 내용을 공유하는 것이 바람직합니다. 이때 교사는 단순한 정보 전달을 넘어, 학생들의 심리적 상태와 반응을 세심하게 고려해야 하며, 이를 통해 교사로서의 신뢰를 회복할 수 있습니다.

'학생 보호 원칙', '공정성 유지', '교육적 판단'이라는 세 가지 원칙을 중심에 두고 설명하면 수용성이 높아집니다. 문제 발생 이후에는 "무엇을 잘못했는가?"보다 "어떻게 대응했는가?"가 핵심입니다. 교사는 갈등의 원인을 정리하고, 재발 방지를 위한 실질적인 조치와 실행 계획을 학부모에게 전달하는 과정에서 책임감과 성찰을 보여 줄 수 있습니다. 이때 전달되는 메시지는 단순한 보고서가 아니라, 교사의 가치관과 태도를 담은 신뢰의 메시지로 작용합니다.

위기 대응의 흐름을 [위기 발생] ⇒ [사실 확인] ⇒ [감정 공감 및 사과] ⇒ [개별 소통] ⇒ [학급 내 신뢰 회복] ⇒ [후속 조치 공유]로 요약할 수 있습니다. 위기 커뮤니케이션 6단계 프로세스를 표로 정리하였습니다.

[표 18] 위기 커뮤니케이션 6단계 프로세스

단계	핵심 내용	교사의 실천 포인트
1단계: 위기 발생	예상치 못한 갈등, 오해 발생	감정 대응보다 상황 인식 우선
2단계: 사실 확인	학생, 학부모, 동료의 말 듣기	편견 없이 경청, 정보 수집
3단계: 감정 공감 및 사과	오해나 상처 인정, 진심 전달	"그럴 수 있었겠네요" 같은 표현 사용
4단계: 개별 소통	당사자 중심 대화 진행	따로 불러 공감적 소통 시도
5단계: 학급 내 신뢰 회복	전반적 분위기 정비 및 설명	학급 전체의 균형과 공정 강조
6단계: 후속 조치 공유	학부모나 관리자에 결과 공유	계획 있는 조치 전달 및 신뢰 회복

시뮬레이션: 위기 상황 대응 연습

□ **상황 예시:** 교사가 한 학생에게 "너는 왜 항상 집중을 못하니?"라고 지적했는데, 이 장면을 들은 다른 학생이 이를 녹음해 SNS에 올렸습니다. '모욕적인 언행'이라는 해석이 붙으며 학부모들 사이에서 빠르게 퍼졌고, 일부 언론에까지 익명 제보가 전달되었습니다. 짧은 발언 하나가 교사의 의도와는 다르게 왜곡되어 여론의 무게를 안게 된 사례입니다. 이런 상황에서 중요한 것은 빠르고 침착한 대응입니다.

질문 1: 이 상황에서 가장 먼저 해야 할 행동은 무엇인가요?
① 학생에게 해명하게 한다. ② SNS 계정을 삭제하라고 지시한

다. ③ 즉시 학교 관리자에게 보고하고 해당 학생이나 학부모에게 직접 연락한다. ④ 무시하고 수업에 집중한다.

질문 2: 이후 학부모에게 전달할 수 있는 메시지는 무엇일까요? 예시) "해당 장면이 오해를 불러일으킨 점에 대해 유감입니다. 당시 상황은 수업에 집중하지 못하는 학생을 지도하려는 과정이었으며, 표현이 적절치 못했음을 인정합니다. 다시는 이런 일이 발생하지 않도록 지도 방법을 점검하겠습니다. 또한 학급 전체의 신뢰 회복을 위해 학생들과 충분한 소통 시간을 갖겠습니다."

이러한 시뮬레이션은 단순한 역할극이 아니라, 실제 상황에서의 대응력을 기르기 위한 실전 훈련입니다. 교사는 이를 통해 자신의 커뮤니케이션 스타일을 점검하고, 감정 조절과 언어 선택의 중요성을 인식하게 됩니다. 다양한 위기 시나리오를 미리 생각해보고 연습하는 과정은 위기 예방 능력을 키우는 데에도 큰 도움이 됩니다. 위기의 순간은 교사의 브랜드를 단단히 다지는 기회이며, 사전 대비는 곧 브랜드 신뢰의 기반이 됩니다.

신뢰는 말보다 행동으로 쌓인다.

위기가 지나간 뒤에도 진정한 회복은 말이 아닌 행동으로 증명됩니다. 평소보다 더 섬세한 배려와 일관된 태도, 그리고 공정한 대응이 꾸준히 쌓일 때 비로소 신뢰가 다시 형성됩니다. 한 번 무너진 신뢰도 투명한 사과와 진정성 있는 행동을 통해 오히려 더 단단해질 수 있습니다.

교사의 퍼스널 브랜딩은 흔들리지 않는 커리어가 아닌, 흔들릴 때 다시 중심을 잡는 능력에서 나옵니다. 위기 상황은 단지 방어의 대상이 아니라, 자신만의 교육 철학을 점검하고 되새기는 소중한 기회입니다. 그리고 이 과정을 통해 교사는 학생과 학부모 모두에게 "믿고 맡길 수 있는 사람"이라는 인식을 다시금 심어줄 수 있습니다.

제 9 장

실전 사례로 배우는
퍼스널 브랜딩

"작은 실천 하나가
브랜드의 시작이 된다."

9-1 국내외 성공 사례 비교 분석

9-2 내 사례로 전략 구체화하기 실습

9-3 지속 가능한 브랜딩 피드백 루틴 구축

작은 실천의 축적이 브랜드를 만들고, 그것이 또 다른 교사의 변화를 이끕니다.

브랜딩은 일상의 반복된 실천 속에서 형성됩니다. 수업 성찰, 학생과의 짧은 대화, 글 한 줄의 기록이 브랜드의 재료가 됩니다. 예컨대, 교육 철학을 담은 학급 글쓰기나 동료 에게 전하는 진심 어린 피드백은 작은 씨앗이 됩니다.

이 장에서는 국내외 교사들의 사례를 통해 실천 기반 브랜딩의 전략을 살펴봅니다.

생각해 볼 질문

Q. 내가 최근 실천한 '작은 일' 중에서 가장 나다운 브랜드는 무엇이었을까?

9-1 국내외 성공 사례 비교 분석

교사 브랜딩의 출발점 : 나만의 방식

"저 선생님은 어쩌면 저렇게 특별할까?" 한 초등교사 연수 현장에서, 강연자로 소개된 젊은 교사가 무대에 올라섰습니다. 수도권 초등학교에서 8년째 담임을 맡으며, '매일 하나의 교실 이야기'를 기록해 온 교사였습니다. SNS 팔로워가 15만 명에 이른 그는, 일상 속에서 아이들과 나눈 진솔한 이야기들을 꾸준히 공유해왔습니다.

청중은 웃거나 고개를 끄덕이며 공감했고, 일부는 눈시울을 붉히기도 했습니다. 그 순간 강연장은 단순한 발표 공간이 아닌, 교사들의 마음이 교차하는 공감의 장이 되었습니다.

강연자의 말투는 담담하면서도 따뜻했고, 청중들은 숨죽인 채 고개를 끄덕이며 그의 경험에 몰입했습니다. 중간중간 웃음이 터지기도 했고, 어떤 교사는 스마트폰에 메모를 남기기도 했습니다. 짧은 시간이었지만 그 강연은 청중 각자의 교직 여정을 되돌아보게 하는 뜻깊은 시간이었습니다.

특히 인상 깊었던 건, 그가 마지막에 남긴 말이었습니다. "저는 누구도 따라 하지 않았습니다. 대신 모든 사례에서 저에게 맞는 '방식'을 하나씩 각색했을 뿐입니다." 그의 말은 단순한 겸손이 아니었습니다. 그는 자신이 선택한 방식이 때로는 외롭고 느릴지라도, 진정한 변화는 거기서 시작된다고 믿었습니다. 그래서 그는 유행을 따르기보다는, 자신의 교육 철학과 교실에서의 경험을 바탕으로 자신만의 길을 묵묵히 걸어왔습니다.

이 한마디는 열정 있는 교사의 퍼스널 브랜딩 본질을 잘 보여줍니다. 지금부터 소개할 국내외 사례들은 단순히 결과를 보는 것에 그치지 않고, 각자가 어떻게 자신의 전략을 '각색'했는지를 중심으로 살펴보겠습니다."

핀란드 교사 마리의 전략에서 배우기

핀란드의 중등교사 '마리 사로넨'은 수업 중 디지털 게임을 활용한 수학 학습으로 주목받았습니다. 이후 교사용 교육 앱을 공동 개발하며 TEDx*(국제 강연 플랫폼 TED의 지역 독립 행사) 무대에까지 서게 되었고, 그녀의 브랜딩은 '교실 문제 해결자'라

---

* TED의 확장판으로 한국에서도 'TEDxSeoul', 'TEDxKAIST' 등 다양한 TEDx 행사가 열려 젊은 창작자, 과학자, 교육자들이 아이디어를 나누는 무대로 활용되고 있습니다.

는 메시지를 중심으로 형성되었습니다.

마리의 활동은 핀란드 교사 커뮤니티에서 큰 반향을 일으켰고, 교원 연수 프로그램에 초청되며 디지털 교육 활용의 관심을 촉진하는 계기가 되었습니다. 그녀가 개발한 앱은 전국 교육청 추천 목록에 오르고, 연수 과정에서도 필수 학습 자료로 채택되었습니다.

마리 선생님의 전략은 단순한 수업 소개가 아니라, 어떤 교육 문제를 해결하려 했는지, 그리고 그것이 학생에게 어떤 영향을 주었는지를 중심으로 일관되게 구성되었습니다. 이는 메시지의 명확성과 지속성을 기반으로 한 강력한 브랜딩입니다.

선생님도 해외 사례를 참고하실 때는, 단순한 모방이 아니라 해결하고자 하는 교육 문제에 기반해 전략을 구성해보시길 권합니다.

강 선생님의 블로그 브랜딩 전략

경남의 중학교 교사 강 선생님은 퇴근 후 30분씩 블로그에 교실 이야기를 올리는 습관을 이어갔습니다. 처음엔 하루를 되돌아보는 개인적 기록이었지만, 점차 학부모와 동료 교사들의 응원이 더해지며 콘텐츠는 커뮤니티를 타고 퍼져나갔습니다.

특별한 편집 없이 글과 사진, 아이들의 말 한마디로 구성된 블로그는 '가장 평범한 교실이 가장 특별하다'라는 메시지를 담고 있었습니다. 많은 교사가 이 기록에 공감하며 자신만의 이야기를 시작할 용기를 얻었고, 2년 뒤 그의 글은 『아이들이 말하는 교실』이라는 책으로 출간되어 독자층을 형성했습니다.

브랜딩 전략으로 보면, 이 선생님의 방식은 화려하진 않지만 깊은 진정성과 지속성이 강점이었습니다. 블로그가 자신에게 맞는 매체라 판단해 꾸준히 운영한 점도 인상적입니다.

이 사례는 퍼스널 브랜딩에서 중요한 것이 '자신에게 맞는 수단'을 고르는 일임을 보여줍니다. 꾸준히 쌓아갈 수 있는 언어와 공간을 선택하는 것, 그것이 브랜딩의 첫걸음입니다.

성공의 기준은 다양하다.

성공을 어떻게 정의하느냐에 따라 브랜딩 전략도 달라집니다. 누군가는 강연자가 되는 것을, 다른 이는 학생의 작은 변화나 한 권의 책 출간을 성공이라 말할 수 있습니다. 또 어떤 교사는 학급 문집을 펴내거나, 지역 주민과 함께하는 교육 프로그램을 운영한 경험을 가장 큰 성취로 여기기도 합니다.

이처럼 성공의 기준은 교사의 성향, 교육 철학, 활동 환경에 따라 달라질 수 있습니다. 예를 들어, 한 교사는 지역 방송에 교실 이야기가 소개된 일을 가장 의미 있는 성취로 꼽았고, 또 다른 교사는 졸업한 제자가 교사의 길을 걷게 되었다는 사실에 가장 큰 보람을 느꼈다고 말했습니다.

어떤 이는 자신이 기획한 마을 연계 수업이 지역신문에 실렸던 일을 인생의 전환점처럼 기억하기도 합니다. 외형적 결과가 아닌, 내면의 만족감이나 지속 가능성을 기준으로 자신만의 브랜딩 목표를 설정하는 것이 중요합니다.

성공적인 기준은 외형적 지표보다는 자신의 철학과 가치가 반영된 '지속 가능한 성과'를 목표로 삼아야 합니다. 그래야 외부 환경에 흔들리지 않는, 자기 주도적 브랜드가 형성될 수 있습니다.

나누고 싶은 교육 이야기는 무엇이며, 누구와 어떻게 나눌 것인지. 이 질문에 대한 고민이 곧 나만의 브랜딩 전략의 시작이 됩니다.

전략을 내 방식으로 각색하기

국내외 사례를 보면, 단순한 모방보다는 자신의 방식으로 재구성한 전략이 오래 지속됨을 알 수 있습니다. 각색은 내용을 단순히 바꾸는 것이 아니라, 자신의 상황, 가치관, 역량에 맞게 전략을 설계하는 과정입니다.

예컨대, 선생님께서 농산어촌 학교에 계신다면 대도시 교사들의 스타일을 그대로 따르기보다는 지역의 특성과 학부모와의 관계를 고려한 방식으로 콘텐츠를 제작하는 것이 효과적입니다.

또한 SNS 콘텐츠가 부담스럽다면, 내부 워크숍이나 동료 교사와의 협업을 통해 이야기를 퍼뜨리는 방식도 가능합니다. 중요한 것은 '나의 목소리'로 표현하는 것이며, 이것이 바로 타인과 구별되는 브랜딩의 핵심입니다.

[표 19] 워크북 연동: Q&A 실전 연습

질문 번호	내용
실전질문 1	최근 1년간 실천한 수업 또는 활동 중, 다른 교사에게 도움이 될 수 있는 사례는 무엇인가요? 그 이유는 무엇인가요?
실전질문 2	위 사례를 바탕으로, 나의 브랜딩 메시지를 짧은 문장으로 정리해보세요. (예: "학생이 변하는 수업을 기록하는 교사")
실전질문 3	해외 또는 국내 사례 중에서 특히 공감된 전략이 있다면, 그것을 나의 현실에 맞게 '각색'할 수 있는 방법은 무엇일까요?

이 질문들은 단순한 회고를 넘어, 자신의 실천과 브랜딩을 연결 짓는 데 도움을 줍니다. 특히 질문 3은 전략을 재해석하는 역량을 기르도록 유도합니다.

9-2 내 사례로 전략 구체화하기 실습

수업을 나만의 방식으로 다시 그리기 시작한 날

하은이가 조심스럽게 다가와 저에게 말했습니다. "선생님, 오늘 수업은 진짜 재미있었어요. 그런데. 어떻게 이런 생각을 하셨어요?" 평소 무표정하게 수업을 듣던 하은이의 질문에 순간 당황했지만, 그 말은 제 마음에 깊이 남았습니다. 하은이의 눈빛에서 '이 수업은 뭔가 다르다'라는 인상을 느꼈기 때문입니다.

그날 하은이는 수업 중 처음으로 손을 들고 발표를 했습니다. 목소리는 작았지만, 자신감 있는 눈빛이 인상적이었고, 친구들의 놀라움과 박수에 쑥스럽게 웃었습니다. 수업이 끝난 후에도 몇몇 친구들이 "하은이 발표 멋졌어"라고 이야기하는 모습을 보며, 저는 깊은 감동을 느꼈습니다. 단 한 번의 시도가 누군가의 내면을 변화시킬 수 있다는 확신이 들었습니다.

사실 그날 수업은 매우 파격적이었습니다. 정해진 수업안 대신, 학생들이 질문을 던지고 그 질문을 바탕으로 수업을 진행했습니다. 준비한 내용의 절반은 사용하지 못했고, 학생들의 표정과 호기심을 따라갔습니다. 수업은 예측 불가능했지만, 학생들은 눈을 반짝이며 몰입했고, 저는 그 속에서 살아 있는 교실의 참모습을 느꼈습니다.

그날 이후, 저는 수업 방식의 작은 변화가 교실 전체의 분위기를 어떻게 바꾸는지를 체험했습니다. 학생들은 수업 중 더 자주 손을 들고 질문도 적극적으로 던지기 시작했습니다. 발표에 소극적이던 아이들이 의견을 내기 시작했고, 쉬는 시간에도 수업 주제에 관해 이야기하는 모습이 자주 보였습니다. 교실의 공기는 이전보다 훨씬 부드러워졌고, 학생들의 눈빛에서는 '참여하고 싶다'라는 의지가 드러났습니다.

'수업을 잘한다'라는 것은 단순히 지식을 전달하는 것이 아니라, 학생들과 함께 살아있는 이야기를 만들어가는 과정이라는 것을 깨달았습니다. 누군가의 방식을 따라 하기만으로는 제 교실을 완성할 수 없었습니다. 그래서 저는 수업을 나만의 방식으로 다시 그리기 시작했습니다. 이 새로운 접근 방식은 학생들에게 더 많은 참여와 호기심을 이끌어냈고, 교실은 더욱 활기차고 생동감 넘치는 공간으로 변화했습니다.

모방을 넘어서 각색으로

퍼스널 브랜딩은 정해진 공식이나 성공 사례를 그대로 따라가는 과정이 아닙니다. 오히려 자신의 맥락과 자원을 바탕으로 의미 있게 '각색'해내는 것이 핵심입니다. 앞 장에서 소개한 국내외 사례들도 참고할 만한 출발점일 뿐, 그대로 따라 해야 할 도착지는 아닙니다.

예를 들어, 한 교사가 유튜브 채널을 통해 브랜딩에 성공했다 해도, 그 방식이 모두에게 적합한 것은 아닙니다. 중요한 것은 '왜 그 방식이 그 교사에게 효과적이었는가'를 파악한 뒤, 그 원리를 자신의 환경에 맞게 변형하는 능력입니다.

이러한 접근은 불필요한 비교에서 벗어나게 해 줍니다. 나의 강점, 교실의 분위기, 내가 중요하게 여기는 교육 철학을 바탕으로 전략을 재해석해보는 것이야말로 진정한 퍼스널 브랜딩의 시작입니다.

실습: 나의 경험을 전략으로 바꾸기

워크북 연계 활동

(아래 질문에 따라 본인의 수업 경험을 구체적으로 작성해보세요)

- 지난 1년 동안 가장 기억에 남는 수업 순간 3가지를 적어보세요.
- 그 순간들이 학생들에게 어떤 인상을 남겼을지 생각해 보세요.

- 그 인상을 '일관된 메시지'로 표현해보세요.

예시 답안:
- 순간: 수학 게임 수업에서 팀을 나눠 활동했을 때
- 학생 인상: 협동, 몰입, 즐거움
- 메시지: "수학은 어렵지만 함께하면 재미있다"

이러한 과정을 통해 자신만의 '브랜드 자산'을 구체화할 수 있습니다. 경험을 정리하고, 콘텐츠, 활동, 커뮤니케이션 방식으로 연결하는 작업을 통해, 나만의 전략이 탄생합니다. 중요한 것은 '그럴듯한 사례를 흉내 내는 것'이 아니라, 나의 현실에서 의미 있는 방향을 찾아내는 일입니다.

성공의 기준은 하나가 아닙니다.

퍼스널 브랜딩을 구체화할 때 반드시 인식해야 할 사실은 '성공의 정의는 다양하다'라는 점입니다. 예를 들어, 서울의 한 초등교사는 아침조회 시간을 활용해 학생과 감정일기를 나누는 방식으로 신뢰를 쌓았고, 제주도의 한 중학교 교사는 지역 농부와 협력하여 환경 교육을 실천하면서 지역사회와 소통하는 브랜드를 만들어냈습니다.

또 다른 고등학교 교사는 매주 '질문 있는 수업'이라는 이름으로 학생 주도 토론을 정착시켜 인상 깊은 수업 문화로 평가받았습니다. 누군가에겐 수만 명의 구독자를 가진 교사가 성공일 수 있지만, 또 다른 누군가에겐 한 명의 학생이 변화한 순간이 더 큰 의미일 수 있습니다.

예컨대, 어떤 교사는 교내외 강연을 통해 이름을 알리고, 또 어떤 교사는 학부모 상담에서 신뢰를 얻는 것을 자신의 브랜드으로 봅니다. 그리고 어떤 교사는 수업마다 한 명의 아이와 눈을 맞추는 것을 자신의 자부심으로 삼습니다. 이처럼 성공의 모습은 교사의 가치관과 철학에 따라 다르게 정의될 수 있습니다.

브랜딩은 외적인 결과만을 추구하는 여정이 아닙니다. 내가 중요하게 여기는 가치를 향해, 지속 가능한 방식으로 접근하는 과정이어야 합니다. 그렇기에 전략을 세우기 전, '나에게 진짜 중요한 것이 무엇인가'를 성찰하는 과정이 선행되어야 합니다.

나만의 전략 수립을 위한 Q&A

Q1. 나는 지금 어떤 이미지로 기억되고 있는가?

학생, 동료 교사, 학부모가 바라보는 나의 이미지를 떠올려 보세요.

Q2. 내가 전달하고 싶은 핵심 메시지는 무엇인가?

한 문장으로 정리한다면, 나의 교육 철학을 어떻게 소개할 수 있을까요?

Q3. 어떤 수업 방식이나 활동이 나의 강점을 가장 잘 드러내는가?

내가 가장 빛났던 순간을 되짚어보며 전략의 방향을 구상해보세요.

Q4. 어떤 자원이 내게 가장 잘 맞는가?

글쓰기, 영상 제작, 말하기 등 나의 성향에 맞는 콘텐츠 유형은 무엇인가요?

이 질문들을 바탕으로 나만의 전략을 구성해보세요. 정해진 답을 찾기보다는, 자신에게 맞는 해석을 통해 전략을 '각색'하는 것이 브랜딩의 진정한 출발점입니다.

교사로서의 여정은 누군가의 발자국을 따라가는 것이 아니라, 제가 중요하게 여기는 '깊은 연결과 의미 있는 참여'라는 철학을 실현하는 길이었습니다. 교실에서 학생들과 눈을 맞추고, 그들의 질문에 진심으로 귀 기울이며 하루하루를 함께 성장의 시간으로 만들어가는 일. 그것이 제게 있어 가장 확실한 브랜딩의 출발점이었습니다.

퍼스널 브랜딩도 마찬가지입니다. 남과는 다른 나만의 언어로, 나의 수업과 철학을 세상에 전하는 여정. 그 여정은 이미, 선생님의 교실 안에서 시작되고 있습니다.

9-3 지속 가능한 브랜딩 피드백 루틴 구축

하루 10분, 나를 살펴본 날의 변화

"선생님, 요즘 SNS에서 책 소개하시는 글 잘 보고 있습니다. 글이 참 따뜻해서 좋았어요." 쉬는 시간, 지훈 학생이 조심스럽게 다가와 말을 건넸습니다. 국어 담당 교사인 저에게 학생이 이런 말을 전하는 일은 흔치 않은 일이었지만, 그 말에는 진심이 담겨 있었습니다. 순간 저는 말문이 막혔습니다.

그 한마디는 제가 꾸준히 실천해 온 '하루 10분 피드백 루틴'의 결실이었습니다. 처음에는 '이게 무슨 의미가 있을까?' 하는 생각도 들었고, 막상 글을 쓰려고 하면 머릿속이 하얘지기도 했습니다. 하지만 시간이 지나면서 하루를 돌아보는 이 10분이 점점 소중하게 느껴졌고, 어떤 날은 글을 쓰며 마음이 정리되기도 했습니다. 수업 후 느낀 점을 간단히 기록하고, 그중 하나를 골라 SNS에 올리는 활동이었지요.

작게 시작된 이 루틴은 점차 저만의 브랜드로 발전해 갔습니다. 처음엔 단순한 기록이었지만, 어느새 그것이 저를 돌아보게 했고, 말의 표현도 한층 조심스러워졌습니다. 학생들의 질문에 답할 때도 더 신중해졌고, 동료 교사들은 제 글을 보고 "요즘 감각적인 시선이 느껴진다"라는 말을 건네주기도 했습니다.

예를 들어, 학생들이 수업 외적인 부분에서도 저를 '책을 좋아하고 글을 쓰는 선생님'으로 기억하기 시작했고, 동료 교사들 사이에서도 저의 SNS 콘텐츠가 공유되며 자연스럽게 저의 이미지가 형성돼 갔습니다. 학교와 온라인에서의 모습이 유기적으로 연결되며 하나의 이야기로 확장되었지요.

그때 저는 깨달았습니다. 브랜딩은 거창한 프로젝트가 아니라, 하루 한 번의 솔직한 성찰에서 시작된다는 사실을요. 예를 들어, 수업을 마친 뒤 자신에게 '오늘 무엇이 잘 되었는가, 무엇을 바꾸면 좋을까?'라고 질문하며 짧은 메모를 남기는 활동도 충분한 성찰이 될 수 있습니다.

브랜딩은 끝나지 않는 이야기입니다.

퍼스널 브랜딩은 정해진 목표에 도달한 뒤 끝나는 작업이 아닙니다. 오히려 변화하는 환경과 나 자신의 성장에 따라 끊임없이 조정되고 재정립되어야 하는 '살아 있는 과정'입니다. 따라서 한 번 만든 브랜드가 영원히 유효하리라는 생각은 오히려 위험

할 수 있습니다.

브랜드는 나의 교육 철학과 태도, 말투에 이르기까지 다양한 요소를 반영하며 끊임없이 변화합니다. 예를 들어, SNS에 올리는 글 한 줄, 수업 중 사용하는 표현 하나까지도 브랜드의 일부분이 될 수 있습니다. 이러한 요소들이 모여 브랜드는 시시각각 진화하게 됩니다. 이를 무시한 채 과거의 방식만 고수한다면, 나의 현재 모습이 왜곡될 수도 있습니다.

이때 가장 중요한 것이 바로 '지속 가능한 피드백 루틴'입니다. 이 루틴은 단순한 자기 점검을 넘어서, 나만의 브랜드를 유연하게 각색하고 확장하는 기반이 됩니다. 예컨대 같은 수업 내용을 매번 다르게 정리해 SNS에 올리거나, 피드백을 바탕으로 말투나 전달 방식을 조정하는 방식으로 자신만의 스타일을 발전시킬 수 있습니다.

또한, 일주일에 한 번 자신의 강의 영상을 다시 보며 '강점'과 '개선점'을 메모해보는 활동도 매우 효과적인 브랜딩 도구가 됩니다. 학생, 동료 교사, 온라인 팔로워 등 다양한 채널에서 받은 반응을 주간 회고일지에 기록하고 해석해보는 것도 좋습니다. 핵심은 '나만의 방식'으로 피드백을 소화하고, 그것을 성장의 자양분으로 삼는 것입니다.

각색할 수 있는 루틴, 따라 하기보다 나답게

지속 가능한 브랜딩 루틴을 만들기 위해서는 '정답을 복제'하려는 접근보다 '나만의 리듬'을 찾는 것이 중요합니다. 어떤 교사는 아침 독서 시간 10분을 브랜드 저널링 시간으로 활용하고, 또 다른 교사는 학생 상담 후 짧은 음성 메모로 브랜딩 포인트를 남기기도 합니다. 루틴은 반복되어야 하지만, 반드시 똑같을 필요는 없습니다.

누군가는 저녁 산책 후 하루를 돌아보며, 또 다른 누군가는 커피 한 잔을 곁들여 짧은 메모를 남기며 루틴을 유지합니다. 어떤 교사는 수업 직후 학생들의 반응을 3줄로 정리하며 루틴을 실천하기도 하지요. 중요한 건 이 루틴이 내 삶에 자연스럽고 지속 가능해야 한다는 점입니다.

에너지가 높은 시간대를 활용하거나, 익숙한 필기도구와 앱을 루틴에 접목하는 것도 좋은 방법입니다. 이러한 '나만의 각색'은 루틴을 억지로 따르는 것이 아니라, 자연스럽게 자신을 표현하고 성장을 이끄는 촉매제가 됩니다. 핵심은 자신에게 맞는 호흡과 방식으로 브랜딩 감각을 잃지 않는 데 있습니다.

피드백은 관계와 연결되어야 합니다.

피드백은 단지 '혼자 생각하는 시간'이 아니라, '관계 속에서 발견되는 나'를 조명하는 통로이기도 합니다. 온라인 강의 후 수강생의 리뷰, 오프라인 워크숍 이후 동료 교사의 짧은 피드백 등은 모두 브랜딩 자산이 될 수 있습니다. 타인의 시선과 언어는 내가 인식하지 못했던 강점이나 관점을 발견하게 해주는 거울이기도 합니다.

예를 들어, 한 동료 교사는 제 발표 방식이 명확하고 설득력 있다고 피드백을 주었고, 한 학생은 제가 사용하는 비유 덕분에 이해가 쉬워졌다고 말해주었습니다. 그 피드백을 듣고 난 후, 저는 발표 자료를 구성할 때 문장의 흐름을 좀 더 명확하게 만들고, 비유를 사용할 때도 학생들의 눈높이에 맞게 조정하려고 노력했습니다. 그렇기에 브랜딩 피드백 루틴은 '타인과 연결되는 시스템'으로 설계되어야 합니다.

[실천 팁: 피드백 루틴 워크북 연동]
- 오늘 내가 한 수업/글/상담 중 기억에 남는 장면은?
- 그 장면에서 내 강점은 무엇이었나?
- 다음에는 어떻게 조금 더 다르게 표현해볼 수 있을까?
- 다른 사람은 나를 어떻게 기억하고 있을까?

성공의 정의는 오직 당신만의 것

브랜딩 루틴의 목적은 '대단한 성공'이나 '외적인 성과'에만 있는 것이 아닙니다. 누군가는 팔로워 수의 증가를 성공이라 느끼고, 또 다른 누군가는 한 아이의 작은 변화를 의미 있는 성과로 받아들일 수 있습니다. 중요한 건 자신이 만족할 수 있는 기준을 설정하고, 그 기준에 맞추어 일상을 조율하는 일입니다.

예를 들어, 매주 한 번 자신을 돌아보는 시간을 갖거나, 매일 하나의 긍정적 실천을 기록하는 것처럼 구체적인 행동은 그 기준을 실현하는 힘이 됩니다. 누군가에겐 정해진 시간에 글을 쓰는 일이, 다른 누군가에겐 제자에게 긍정적인 영향을 주는 일이 곧 성공일 수 있습니다.

그 기준이 반드시 크고 거창할 필요는 없습니다. 오늘 수업이 유쾌했고, 한 명의 학생이 미소 지었다면, 그것만으로도 훌륭한 성공입니다. 결국 중요한 것은 외부의 평가가 아니라, 스스로에게 던지는 질문입니다. '나는 지금, 나답게 살고 있는가?'

제 10 장

에너지 관리와 삶의 균형으로 유지하는 브랜드

"브랜드는 쌓는 것만큼,
돌보는 것이 중요하다."

10-1 브랜드 유지를 위한 정신적·신체적 에너지 루틴 만들기

10-2 워라밸 실현을 위한 시간 설계 전략

10-3 회복 중심 자기관리 루틴

지속 가능한 브랜드는
교사의 내적 회복력과
균형 잡힌 일상에서 비롯됩니다.

브랜드는 만들고 끝나는 것이 아니라, 돌보고 가꾸어야 하는 살아 있는 존재입니다. 시간이 흐르며 교사의 환경과 역할이 변화하듯, 브랜드 역시 그에 맞춰 성장하고 조정되어야 합니다.

이 장에서는 일관성과 성장의 균형을 유지하며 브랜드를 관리하는 전략을 살펴봅니다.

생각해 볼 질문

Q. 나는 얼마나 자주 내 브랜드의 방향성과 현재 상태를 점검하고 있는가?

10-1 브랜드 유지를 위한
정신적·신체적 에너지 루틴 만들기

번아웃의 순간에서 시작하는 변화

"하루만 더 견디면 된다고, 다음 주말까지만 버티면 괜찮아질 거라고 자신을 다독이며 지냈습니다. 매일 쌓여가는 업무와 줄지 않는 학부모 상담, 그리고 수업 중 아이들의 질문에 친절하게 대답하려고 애쓰는 와중에도 제 감정은 점점 말라가고 있었죠.

그러던 어느 날, 수업 중에 평소 밝고 눈치 빠르던 아이가 조용히 제게 다가와 말했습니다. '선생님, 요즘 속상하세요?' 아주 짧고 무심한 말이었지만, 그 말이 제 마음 깊은 곳을 건드렸습니다. 마치 제 상태를 꿰뚫어 본 것 같았고, 그 순간 참았던 감정이 터지듯 눈물이 났습니다. 그날 이후 저는 더 이상 괜찮은 척할 수 없다는 걸 깨달았습니다. 그것이 바로 제 번아웃의 시작이자, 나 자신을 돌아보게 된 결정적인 계기였습니다."

10년 차 초등교사 강민서 선생님의 고백은 많은 교사들에게 낯설지 않은 이야기입니다. 반복되는 수업 준비, 감정노동, 회의와 행정 업무 속에서 정신적·신체적 에너지가 고갈되는 순간은 예고 없이 찾아옵니다.

이 지점에서 자신을 돌아보고 새로운 루틴*을 만들려는 시도는 삶의 균형을 되찾는 데 있어 매우 중요한 출발점이 됩니다. 여기서 말하는 삶의 균형이란, 일과 휴식의 리듬을 조율하고, 개인적인 감정과 직업적 책무 사이의 간극을 건강하게 메우는 상태를 의미합니다. 이러한 균형은 단순히 스트레스를 줄이는 것을 넘어, 교사의 일상에서 심리적 안정감을 높이고 지속 가능한 실천력을 만들어 줍니다.

또한 루틴은 교사의 삶 자체에 긍정적인 영향을 미칠 뿐만 아니라, 수업의 질과 학생과의 관계에도 변화를 가져옵니다. 준비된 수업과 감정적으로 안정된 교사는 학생들에게 더 깊은 신뢰를 주며, 이는 교육의 질 향상으로 이어집니다. 나아가 이렇게 형성된 긍정적인 루틴은 교사로서의 고유한 정체성과 교육 철

---

* 루틴(Routine): 일상에서 반복적으로 수행하는 정해진 행동이나 활동의 흐름으로, 습관 형성, 시간 관리, 자기 효율성 향상에 도움을 주는 생활 구조의 한 형태이다.

학을 지속적으로 드러내는 데도 효과적이며, 결과적으로 자신만의 브랜드를 꾸준히 유지하는 힘이 됩니다.

에너지 루틴으로 브랜드를 회복하다.

반복적인 일상 리듬을 통해 에너지 소비를 조절하고 회복 시간을 확보하는 것이 핵심입니다. 교육부 『교원업무정상화 종합계획(2023)』에 따르면, 교사들의 정신건강 악화 원인 중 하나는 퇴근 이후에도 업무에서 완전히 벗어나지 못하는 점이었습니다. 이를 극복하려면 퇴근 이후 자율적 회복 루틴을 실천하는 것이 중요합니다.

예를 들어, 한 중등교사는 퇴근 후 30분 산책과 음악 감상을 통해 긴장을 푸는 루틴을 실천하고 있으며, 이로 인해 수면의 질이 향상되고 감정 기복이 줄어들었다고 말합니다. 또 다른 교사는 "퇴근 즉시 휴대전화 전원 *끄기*"라는 단순한 원칙을 통해 일과 삶의 경계를 확실히 하며 스트레스를 효과적으로 관리하고 있습니다. 이처럼 에너지 루틴은 단순한 회복을 넘어 교사로서의 일관된 이미지와 건강한 브랜드를 형성하는 데 기여합니다.

루틴 설계를 위한 체크리스트

효과적인 루틴은 과하지 않고 반복 가능하며, 현실적으로 실천 가능한 구조여야 합니다. 아래의 체크리스트는 교사들이 자신만

의 에너지 루틴을 설계하고 브랜드를 안정적으로 유지하는 데
도움이 됩니다.

[표 20] 에너지 루틴 체크리스트

구분	항목 내용	확인란
신체 에너지 관리	기상 및 취침 시간을 일정하게 유지하고 있는가?	
	하루 10분 이상 가벼운 스트레칭 또는 걷기를 실천하고 있는가?	
	수업 중간 짧은 움직임이나 스트레칭 시간을 갖고 있는가?	
	식사를 거르지 않고 물을 충분히 마시고 있는가?	
	주 1회 이상 야외 산책이나 햇볕 쬐는 시간을 확보하고 있는가?	
정신 에너지 회복	퇴근 후 감정 회복 루틴(산책, 글쓰기, 음악 등)을 실천하고 있는가?	
	업무 외 대화를 나누는 시간을 주 1회 이상 갖고 있는가?	
	자신을 격려하거나 감사하는 시간이 있는가?	
	혼자만의 조용한 시간을 하루 한 번 이상 확보하고 있는가?	
	디지털 기기 사용 시간을 의식적으로 제한하고 있는가?	
에너지 낭비 점검	업무와 휴식 시간의 경계가 흐려져 있지 않은가?	
	퇴근 후에도 업무 메시지를 반복적으로 확인하고 있지는 않은가?	
	수면을 방해하는 생활 습관이 지속되고 있지는 않은가?	
	과도한 역할과 기대를 스스로에게 부여하고 있지는 않은가?	
	쉬는 시간에도 타인과 비교하며 자존감을 떨어뜨리고 있지는 않은가?	

두 가지 이상 실천하고 있다면 이미 긍정적인 루틴을 유지하고 있는 것입니다. 항목 대부분이 실천되지 않는다면 한 가지 항목부터 천천히 실천해 나가는 것이 좋습니다.

다음은 실제 초등교사 A의 하루 루틴입니다. 간단하지만 에너지를 회복하고 균형 잡힌 삶을 유지하는 데 큰 도움이 됩니다.

[표 21] 하루 루틴 실천 예시

시간대	활동 내용	에너지 목적
06:30	기상, 스트레칭, 물 한 잔	신체 리듬 깨우기
07:30	출근 및 수업 준비	업무 집중 에너지 확보
12:30	점심 후 짧은 산책	오후 피로 방지
17:00	퇴근 후 걷기, 음악 듣기	감정 정리, 스트레스 해소
22:00	독서, 수면 준비	안정적인 수면 유도

회복 시간을 의도적으로 배치하면 번아웃을 예방하고 직업 만족도 향상에 도움이 됩니다.

예를 들어, 수업이 끝난 직후 10분간 혼자 정리하는 시간을 갖거나, 퇴근 직후 30분 산책 루틴을 정하는 방식이 효과적일 수 있습니다. 일과를 마치고 잠들기 전 조용한 독서나 명상 시간을 일정하게 확보하는 것도 회복을 위한 좋은 루틴입니다.

이러한 회복 루틴은 바쁜 일정 속에서도 자신을 위한 여백을 마련하는 시간으로 기능합니다. 장기적으로 보면, 교사로서의 지속 가능성과 브랜드 정체성 유지에도 중요한 역할을 하며, 이는 자신이 추구하는 교육적 가치와 철학을 일관되게 유지하는 하나의 브랜드 전략이 됩니다.

루틴 유지를 위한 실천 조언

- 무리하지 마세요. 루틴은 나를 통제하는 도구가 아니라 돌보는 수단입니다.
- 실패해도 괜찮습니다. 하루를 놓쳤다고 전체 루틴이 무너지는 것은 아닙니다.
- 함께 실천할 동료를 만드세요. 동료와 함께하면 루틴을 더욱 오래 지속 할 수 있습니다.

정신적 · 신체적 에너지의 균형은 단지 개인의 안녕을 위한 것이 아니라, 교사 개인의 브랜드를 지속 가능하게 유지하는 핵심 요소입니다. 교사 자신을 돌보는 일이 결국 더 건강하고 신뢰받는 교사 브랜드를 만드는 첫걸음이 됩니다. 오늘도 작은 루틴 하나로 자신만의 브랜드를 가꾸어 보시기 바랍니다.

10-2 워라밸 실현을 위한 시간 설계 전략

번아웃 직전, 교사의 눈물

"교실 문을 닫고 나오는데 눈물이 났어요. 애들 앞에서는 괜찮은 척했지만, 사실은 지쳐 있었거든요."

서울의 한 중학교 교사 박 선생님은 학기 말, 과중한 일정에 시달리다 병원을 찾게 되었습니다. 수업, 상담, 행정 업무, 방과 후 연수까지 이어지는 쉼 없는 나날 속에서 그녀는 스트레스성 위염과 과로로 인한 피로 누적 진단을 받았습니다.

이 경험은 단순한 몸의 경고를 넘어, '워라밸*'의 진정한 의미를 되새기는 계기가 되었습니다. 더불어 박 선생님은 자신이 어떤 교사로 살아가고 싶은지를 되묻게 되었고, 이는 곧 그녀의 퍼스널 브랜드를 되짚어보는 시간이 되었습니다.

---

* 워라밸(Work-Life Balance): 'Work(일)'과 'Life(삶)'의 균형을 뜻하는 말로, 직장 생활과 개인의 여가, 건강, 가족, 자기계발 등이 조화를 이루도록 하는 삶의 방식이다.

이처럼 시간의 무분별한 소진은 단순한 피로를 넘어, 삶과 일의 균형을 잃게 만들고 결국 교사 정체성의 흔들림으로 이어질 수 있습니다. 그렇기에 지금, '시간을 어떻게 설계할 것인가'는 모든 교사에게 가장 현실적인 질문입니다. 지속 가능한 삶의 균형은 교사로서의 신뢰와 이미지, 즉 퍼스널 브랜드를 유지하는 든든한 기반이 됩니다.

시간 설계, 번아웃을 막는 실천 전략

최근 교육 정책과 연구들은 교사의 자율적인 시간 설계 능력이 번아웃을 예방하는 핵심 역량임을 강조합니다. 시간 설계는 단순한 일정 조율이 아닌, 에너지 흐름을 고려해 하루를 재구성하는 전략입니다.

우선, 정적인 시간과 동적인 시간을 구분해야 합니다. 수업처럼 많은 에너지를 소모하는 활동 이후에는 회복을 위한 시간을 반드시 확보해야 합니다. 예컨대 연속 수업 이후 짧은 산책이나 명상과 같은 정적인 활동을 배치하는 것이 효과적입니다.

또한, 일정한 루틴을 정해두되 유연성을 확보하는 것이 중요합니다. 아침 10분 독서, 점심 후 산책, 자기 전 간단한 기록처럼 반복 가능한 루틴은 자신을 돌아보는 시간을 제공하며, 꾸준한 실천은 교사로서의 신뢰를 높이는 브랜드 행동으로 이어집니다.

마지막으로, 교사라는 역할을 넘어 '개인으로서의 나'를 회복하는 활동을 포함해야 합니다. 그림 그리기, 도예, 글쓰기처럼 자신만의 정체성을 되살리는 취미 활동은 삶의 균형을 유지하는 데 큰 도움이 됩니다.

루틴의 힘, 교사 삶의 틀을 만들다.

현직 교사 이 선생님은 자신만의 하루 루틴을 통해 수업과 회의 사이에 회복 시간을 배치하고, 동료들과 루틴을 공유하는 소모임을 운영하며 실천을 이어가고 있습니다. 그는 반복 가능한 구조를 만들어 삶의 리듬을 회복했고, 이를 통해 자신의 에너지를 효과적으로 관리하고 있습니다.

루틴은 반드시 정해진 시간 단위로 구성되지 않아도 됩니다. '몸-마음-기록'이라는 감각 중심 루틴도 유익합니다. 가벼운 스트레칭, 감사 일기 쓰기, 하루 한 문장 정리하기와 같은 단순한 활동이 일상에 질서를 부여하고 자아를 회복하는 데 기여합니다.

워라밸 설계의 현실적 조언

시간 계획을 세울 때 교사들이 흔히 빠지는 함정은 완벽주의입니다. 계획이 조금만 틀어져도 실망하고, 결국 전체 루틴을 포기하는 경우가 많습니다. 하지만 중요한 것은 계획을 완벽하게 지키는 것이 아니라, 흐트러졌을 때 유연하게 조율하고 이어가는 태도입니다.

행동 변화 전문가 카롤라인 아놀드는 "지속 가능한 행동은 완벽보다 유연성에서 시작된다"라고 말합니다. 실수한 날에도 다음

날 다시 시작할 수 있다는 여유가 꾸준한 루틴을 가능하게 합니다.

또한, 매주 스스로에게 "이번 주 나는 나를 위한 시간을 얼마나 만들었는가?"라는 질문을 던져보는 것도 좋은 습관입니다. 이 질문은 단순한 점검이 아니라, 워라밸을 향한 자신의 삶을 되돌아보게 해주는 자기 성찰의 기회입니다.

작은 루틴으로 완성하는 교사 브랜드

변화는 거창한 결심보다 작고 반복 가능한 행동에서 시작됩니다. 하루 10분 독서, 5분 산책, 숨 고르기 명상처럼 부담 없는 실천이 삶의 균형을 만들어갑니다. 학생들에게 자율활동을 지도하듯, 교사도 자신의 삶을 능동적으로 설계해야 합니다.

이는 단순한 자기관리 차원을 넘어, '나는 어떤 교사로 기억되고 싶은가'라는 질문에 답하는 퍼스널 브랜딩 전략이기도 합니다. 매일의 루틴은 결국 나라는 교사의 정체성을 형성해 가는 과정이며, 그 꾸준함 속에서 진정한 워라밸과 브랜드가 완성됩니다. 결국, 하루의 시간을 어떻게 설계하느냐는 문제가 곧 나의 브랜드를 어떻게 구성하느냐와도 직결됩니다. 워라밸은 자연히 따라오는 결과가 아니라, 의도적으로 만들어가는 일상의 전략입니다.

10-3 회복 중심 자기관리 루틴

다시 일어서는 시작: 작은 습관의 힘

"작년 겨울방학이 끝나갈 무렵이었어요. 수업 준비도 손에 안 잡히고, 교실에서 아이들과 눈을 마주치는 일조차 버거웠죠. 몸은 멀쩡한데 마음이 텅 비어 있었어요."

중학교 교사 15년 차인 박 선생님은 그 시기를 두고 '내 안의 불빛이 꺼져가던 때'라고 회상합니다. 병가를 고민하던 그는 우연히 동료 교사와의 대화를 통해 '매일 아침 10분 산책'을 시작하게 됩니다. 놀랍게도 그 짧은 시간이 그의 하루를 회복시키는 전환점이 되었습니다. 더 인상 깊은 변화는, 이 작은 루틴이 학생들과 동료 교사들에게 그를 새롭게 인식하게 만들었다는 점입니다. "자신을 잘 관리하는 교사", "꾸준한 사람"이라는 평가가 따라붙었고, 이는 그가 미처 자각하지 못했던 교사로서의 브랜드를 형성하게 되었습니다.

회복의 균형: 채움과 비움의 자기관리

교육부의 2023년 『교원 치유지원 정책 보고서』에 따르면, 전체 교사의 61.2%가 정신적 소진을 경험한 적이 있다고 합니다. 반복되는 수업, 행정 업무, 감정노동은 교사의 에너지를 소모시키기 쉽습니다. 문제는 과로 자체보다는, 회복할 시간과 기회를 얻지 못한다는 데 있습니다.

회복 중심 루틴은 '채우기'와 '비우기'의 균형이 중요합니다. 채우기는 심호흡, 산책, 좋은 식사처럼 몸과 마음에 활력을 주는 활동이고, 비우기는 일기 쓰기, 조용한 시간, 명상 등을 통해 부담을 덜어내는 것입니다. 이는 단지 번아웃 예방을 넘어서, 교사 스스로의 신뢰와 일관성 있는 이미지를 형성하는 방식이 됩니다.

회복 루틴을 꾸준히 실천하는 교사는 감정 조절이 가능하며, 수업 태도나 말투에서도 안정감을 드러냅니다. 이는 곧 퍼스널 브랜딩의 기반이 됩니다. 자신을 잘 돌보는 교사는 학생, 학부모, 동료로부터 더욱 신뢰받게 됩니다.

사례로 보는 회복 루틴: 교실에서 실천하기

서울의 한 초등학교 교사 이 선생님은 '하루 세 번 멈추기'라는 간단한 루틴을 실천하고 있습니다.

- 아침 등교 후, 5분간 조용히 앉아 호흡하며 마음 정리하기
- 점심시간 후, 안대를 쓰고 3분간 눈을 감고 명상하기

• 퇴근 전, 하루를 한 줄로 정리하는 다이어리 작성하기

이 루틴은 수업 전후 감정을 정돈하고 집중력을 회복하는 데 효과적이었고, 그녀는 이를 교사 연수 시간에 소개하여 좋은 반응을 얻었습니다. 간단하면서도 실천 가능한 이 루틴은 '이 선생님의 관리법'으로 불리며 그녀의 브랜딩 콘텐츠가 되었습니다. 이후 SNS와 교사 커뮤니티에 루틴 노트를 공유하면서, 회복 중심 자기관리는 교사의 전문성과 삶의 균형을 보여주는 상징으로 자리 잡았습니다.

일상 속 실천 가능한 회복 루틴 예시

회복 루틴은 실천이 쉬워야 합니다. 아래는 일상 속에서 적용할 수 있는 일일 루틴 예시입니다.

[표 22] 일일 회복 루틴 예시

시간대	회복 루틴	목적
기상 직후	3분간 심호흡 또는 명상	감정 안정, 하루 준비
출근 전	10분 가벼운 산책	신체 각성, 기분 환기
수업 중간	1분간 눈 감고 호흡하기	긴장 완화, 집중 회복
점심 이후	조용한 공간에서 5분 휴식	에너지 재충전
퇴근 후	하루를 한 줄로 정리하는 일기	감정 정리, 성찰

루틴은 정답이 정해진 것이 아닙니다. 중요한 것은 완벽한 루틴을 만드는 것이 아니라, 지속 가능한 작은 습관을 꾸준히 유지하는 것입니다. 그렇게 반복되는 루틴은 교사 개인의 내면을 정돈할 뿐 아니라, 타인에게 신뢰와 안정감 있는 브랜드로 전달됩니다.

나를 지키는 루틴, 나를 말해주는 루틴

교사의 회복 루틴은 단순히 피로를 풀기 위한 기술이 아니라, 교사로서의 정체성과 신뢰감을 전달하는 언어입니다. 학생은 교사의 말보다 태도를 먼저 기억하며, 감정을 안정적으로 조절하고 일상을 유지하는 모습에서 '이 선생님에게 배우고 싶다'라는 마음을 갖게 됩니다.

자기관리 루틴은 그래서 교사 브랜딩 전략에서 가장 현실적이면서도 가장 강력한 메시지가 됩니다. 루틴은 교사의 삶과 수업, 감정의 결을 지탱하는 뿌리이며, 자신을 신중히 대하는 교사만의 품격을 드러냅니다.

"내가 교사로 오래 행복하게 살기 위해 지켜야 할 것"이 루틴이 되어야 합니다. 오늘 하루 단 5분, 나를 회복하는 루틴에서 진정한 브랜드의 깊이와 무게가 시작됩니다.

제 11 장

브랜드 협업과
성장 네트워크

"브랜드는 혼자보다
함께할 때 더 강해진다."

11-1 교사 브랜드 연대의 형성과 의미

11-2 네트워크 구축을 위한 실전 방법

11-3 공동 브랜드 프로젝트 사례

브랜드는 나 혼자 만드는 것이 아니라, 함께 성장하는 네트워크 속에서 완성됩니다.

브랜드는 혼자서 만들 수 있지만, 함께할 때 비로소 확장됩니다. 동료 교사, 학부모, 학생과의 관계 속에서 우리의 실천은 더 넓은 교육적 영향력을 형성하게 됩니다.

이 장에서는 나를 넘어 '우리'로 확장되는 브랜드의 힘과 공유 실천의 가치를 이야기합니다.

생각해 볼 질문

Q. 나는 지금 누구와 브랜드를 함께 만들고 있으며, 그 관계는 어떻게 확장되고 있는가?

11-1 교사 브랜드 연대의 형성과 의미

교사 브랜드 연대는 어떻게 시작되는가?

"처음에는 단순히 수업 아이디어를 나누는 자리였어요. 그런데 어느 순간부터 그 교사들의 강의가 서로의 브랜드가 되었더라고 요."

서울의 한 중학교 국어 교사 박 선생님은 수업 연구회를 통해 협업의 가치를 체감했습니다. 수업 자료 공유에서 시작해 공동 프로젝트와 외부 강의로 확장되었고, 이 과정에서 서로의 교육 철학이 자연스럽게 연결되며 브랜드로 발전했습니다. 이는 단순한 관계를 넘어, 전문성을 인정하고 함께 성장한 결과입니다.

퍼스널 브랜딩은 교사가 자신의 교육 철학과 전문성을 외부에 표현하는 과정입니다. 다양한 채널을 통해 드러나는 이러한 활동은 교사의 정체성을 명확히 보여주는 데 기여합니다. 반면, 교사 브랜드는 이러한 퍼스널 브랜딩이 협업과 연결을 통해 외부에서 인식되는 집단적 영향력으로 확장된 개념입니다. 즉, 공공성과 신뢰를 바탕으로 형성된 외적 이미지로서 퍼스널 브랜딩의 실질적 결과물이라 할 수 있습니다.

협업을 통한 브랜드 확장의 전략

교사 브랜드 연대는 단순한 인간관계를 넘어서 각자의 퍼스널 브랜딩을 기반으로 공동의 목적을 실현하는 구조로 발전해야 합니다. 이를 위한 전략은 실천적이고 목적 지향적이어야 합니다.

첫째, 철학과 비전을 공유하는 교사들이 온라인 강의나 워크북, 수업 모델을 공동으로 개발하는 콘텐츠 협업 방식이 있습니다. 이 과정은 각자의 퍼스널 브랜딩을 하나의 브랜드로 통합하는 효과를 만들어냅니다.

둘째, 외부 강의 및 협력 기회를 확대하는 전략도 중요합니다. 커뮤니티 기반 활동은 외부 기관과의 연결 통로를 열어주며, 연대된 이름으로 참여할 때 더 큰 신뢰와 기대를 얻게 됩니다.

셋째, 단순한 친목을 넘어서 '창의적 수업문화 확산'이나 '미래형 학습 공동체 구현'과 같은 명확한 브랜드 목적을 중심에 두고 연대를 운영해야 합니다. 목적이 분명할 때 협업은 지속성과 파급력을 갖습니다.

교실에서 시작되는 실천적 브랜딩

브랜드 연대는 거창한 선언보다 교실 속 작은 실천에서 출발합니다. 예를 들어, 경북의 한 '미래형 교실 공동체'는 지역 내 12명의 교사가 과목별 프로젝트형 수업을 운영하고 이를 온라인 매거진으로 공유하였습니다. 이 콘텐츠는 공교육혁신포럼을 통해 전국에 소개되며 외부 강의로도 이어졌습니다.

이처럼 작고 구체적인 실천은 퍼스널 브랜딩의 결과이자 교사 브랜드가 형성되는 실질적 증거입니다. 교육부의 「2023 미래 교육 협력 활성화 방안」에 따르면, 교사 간 전문성 공유가 지속될수록 브랜드 인지도와 신뢰도가 상승하는 경향이 나타났습니다. 또한 미국의 'EduBrand Network'*에 따르면, 협업 기반 콘텐츠는 개인 제작 콘텐츠보다 평균 2.5배 이상의 조회 수를 기록하며 그 효과가 입증되었습니다.

브랜드 연대를 지속시키려면 무엇이 필요한가?

브랜드 협업이 지속되기 위해서는 몇 가지 핵심 조건이 충족되어야 합니다.

첫째, 조직의 목적과 운영 구조가 명확해야 합니다. 브랜드 연대는 단순한 교류가 아닌 사회적 가치 실현이라는 목표 아래 운

---

* EduBrand Network: 교육자들의 퍼스널 브랜딩을 지원하고, 상호 협력과 성장을 도모하기 위해 구성된 교육 전문 네트워크로, 교육 콘텐츠 공유, 브랜드 협업, 커뮤니티 활동 등을 통해 교사의 교육 철학과 실천을 외부로 확장할 수 있는 기반을 제공한다.

영되어야 하며, 체계적인 역할 분담과 성과 점검이 이루어져야 합니다.

둘째, 협업의 결과물을 외부에 알리는 전략이 필요합니다. 플랫폼, 언론, 교육기관 등을 통해 콘텐츠를 공유하면 브랜드의 인지도와 신뢰도가 상승하고, 새로운 협력 기회를 창출하는 기반이 됩니다.

셋째, 각 구성원의 퍼스널 브랜딩을 존중하는 태도가 중요합니다. 협업은 획일화가 아닌 다양성 속에서 더 큰 가치를 창출합니다. 따라서 연대 안에서도 각자의 색깔과 철학이 유지될 수 있도록 자율성과 다양성을 존중하는 구조가 필요합니다.

함께 걸어가는 브랜드의 미래

교사의 퍼스널 브랜딩은 개인적인 여정이지만, 교사 브랜드는 공동의 길입니다. 협업은 자신의 정체성을 확장하고, 타인의 시선을 통해 더 깊이 자신을 이해할 수 있는 기회를 제공합니다. 교사 브랜드 연대는 경쟁이 아닌 상생을 지향하며, '좋은 교사가 되겠다'라는 개인의 열망이 '좋은 교육을 만들겠다'라는 공동의 사명으로 확장될 때 그 진정한 의미를 갖게 됩니다. 이제 교사들은 함께 걸어가고 있습니다.

11-2 네트워크 구축을 위한 실전 방법

교무실이 아닌 마을에서 시작된 협업

교사의 브랜드는 혼자의 실천만으로는 완성되지 않습니다. 의미 있는 네트워크와의 연결이 브랜드 확장의 중요한 시작점이 됩니다.

"처음에는 동네의 작은 도서관에서 책을 좋아하는 선생님들끼리 조용히 모여 교육 이야기를 나누는 자리였습니다. 학교 이야기 반, 책 이야기 반을 나누다 보니 어느새 교육 철학에 관한 생각도 자연스럽게 공유하게 되었지요. 그러던 중, 우리 모임이 마을 축제 프로그램에 초청을 받았고, 아이들과 함께 워크숍을 운영하게 되었습니다. 그 경험이 계기가 되어, 밖에서도 교사로서 무언가 의미 있는 일을 할 수 있다는 자신감을 얻게 되었습니다."

이야기의 주인공은 한 중학교 국어 교사입니다. 그는 교무실 안에서의 역할에 머물렀지만, 이제는 마을 속에서 살아 움직이는 교육 브랜드로 성장하였습니다. 모임에서 시작된 활동이 마을 축제와 지역연수 강의로 이어지며, 그의 이름은 '창의적 마을 교육'을 상징하게 되었습니다.

협업은 단순히 많은 사람을 아는 것이 아니라, 자신이 추구하는 교육 가치와 철학을 공유할 수 있는 대상과의 연결입니다. 그러한 연결이 브랜드의 외연을 자연스럽게 확장시킵니다.

브랜드를 확장하는 실질적 연결 전략

브랜드 목적에 부합하는 협업은 교사의 정체성과 전문성을 강화하는 기회가 됩니다. 브랜드 목적이란, 교사가 추구하는 교육 철학과 실천 방향을 외부에 명확하게 전달하는 중심 가치를 의미합니다. 예를 들어 '환경 감수성을 기르는 생태교육'을 브랜드로 설정한 교사는 지역 환경단체와의 프로젝트, 관련 강의 활동 등을 통해 이를 실현할 수 있습니다.

또한 자신의 교육 철학과 맞는 커뮤니티 참여, 공동 프로젝트 기획과 실행은 브랜드 정체성을 더욱 선명하게 드러내는 전략이 됩니다. 예컨대 '놀이로 배우는 수학'을 추구하는 교사라면, 수학 중심 워크숍보다는 놀이 교육 전문가나 아동심리 연구자와의 협업을 통해 콘텐츠를 구성함으로써 브랜드 가치를 강화할 수 있습니다. 중요한 것은 단순한 연결이 아니라, 브랜드 방향성과

조화를 이루는 연계를 전략적으로 선택하는 것입니다.

커뮤니티 중심활동에서 브랜드를 세우기

브랜드 확장은 지역 커뮤니티 활동 속에서 구체화됩니다. 독서모임, 온라인 교사 네트워크, 마을 교육협의체 등은 자신의 교육철학과 전문성을 실천적으로 표현할 수 있는 장이며, 교사로서의 공공적 가치를 드러내는 무대이기도 합니다. 참여자에 머무르지 않고, 기획에 참여하고 결과를 만들어내는 주도자의 위치에서 활동할 때 브랜드는 더욱 뚜렷하게 인식됩니다.

교육부의 「지역연계 교육활동 실태조사(2023)」에 따르면, 교사 주도 프로젝트에 참여한 외부 기관의 만족도는 86.2%, 해당 교사의 교육 브랜딩 효과가 높았다고 응답한 비율은 78.7%에 달했습니다.

[표 23] 교사 주도 프로젝트에 대한 인식 평가

구분	응답 비율	주요 인식 내용
외부 기관의 만족도	86.2%	교사의 주도력, 기획력, 협업 역량에 대한 긍정적 평가
교사의 브랜딩 효과 인식	78.7%	프로젝트를 통한 교육 전문성과 대외 인지도 상승 체감

이러한 통계는 실천 중심의 활동이 교사의 브랜드 인식을 높이는 데 효과적임을 보여줍니다. 실제로 서울의 한 고등학교 영

어 교사는 지역 청소년 문화축제에서 영어 토론 프로그램을 주도한 이후, 교육지원청으로부터 강의 요청을 받게 되었습니다. 그는 경험을 바탕으로 블로그에 사례를 공유하며 전문성을 확장했고, 지역 언론에도 소개되는 성과를 얻었습니다. 이처럼 통계와 사례는 브랜드 인식이 실천을 통해 어떻게 확장되는지를 잘 보여줍니다.

브랜드를 넓히는 교실 밖 실천 사례

서울의 한 초등학교 교사는 감정코칭을 수업에 적용한 사례를 SNS에 기록해왔습니다. 이를 통해 감정교육 커뮤니티 강사로 활동하게 되었고, 교사 연수 요청과 지역신문 인터뷰로까지 이어졌습니다. 이 사례는 교실 안의 실천이 교실 밖에서 하나의 브랜드로 확장될 수 있음을 보여주는 예입니다.

브랜드 확장은 자신이 가진 교육 철학을 누구와 연결할 것인지, 그리고 어떤 방식으로 사회에 전달할 것인지에 달려 있습니다. 협업은 단순한 양적 관계가 아니라, 브랜드의 진정성과 전문성이 살아 있는 전략적 연계를 통해 이루어져야 합니다.

11-3 공동 브랜드 프로젝트 사례

공동 브랜드 프로젝트는 교사의 교육 철학과 정체성을 외부와 연결하고 확장하는 강력한 수단입니다. 단순한 협업을 넘어, 교사의 수업 목적이 명확히 반영된 설계는 브랜딩을 넘어 교육 생태계의 변화를 이끌어낼 수 있습니다. 예를 들어, 자신이 기획한 활동이 지역사회의 인정을 받아 외부 강의나 교육청 지원으로 이어지고, 학생들의 주도성과 자부심이 높아지는 긍정적인 변화가 이어지기도 합니다.

교실에서 시작된 마을 협업 프로젝트

"처음엔 그저 아이들과 함께 동네 지도 하나 그려보자는 생각이었어요. 그런데 그 지도가 마을 어르신, 예술가, 주민센터와 연결되면서 어느새 '우리 학교 브랜드'가 되었죠."

서울 외곽의 한 초등학교 6학년 담임을 맡은 김 선생님은 마을 교육 공동체 프로젝트를 통해 학교의 정체성과 자신만의 교육 철학을 동시에 확장시켰습니다. 아이들의 배움은 교실을 넘어 마을로 뻗어나갔고, 그 과정에서 지역사회와 연계한 공동 브랜드 프로젝트가 자연스럽게 형성되었습니다.

학교 교육과 지역 자원이 맞닿는 지점에서 브랜드는 살아 있는 실천으로 드러납니다. 단순한 협력에 그치지 않고, 교육활동을 통해 무엇을 브랜드로 전달하고자 하는지가 핵심입니다. 예를 들어, 학생들이 만든 마을신문이 지역 주민들에게 전달되고, 지역 축제로 연결되면서 학교는 '지역을 연결하는 플랫폼'으로 인식되었습니다.

실천에서 탄생하는 브랜드 사례

한 중학교 교사는 '환경 감수성'을 수업의 핵심 가치로 설정하고, 지역 생태 해설사와 함께 교육 콘텐츠를 개발했습니다. 이 프로젝트는 학교의 환경 브랜드를 강화하는 동시에, 외부 강의 요청으로 이어지며 교사의 전문성도 높아졌습니다.

전북의 한 초등학교는 '책 쓰기 프로젝트'를 지역 출판사와 3년간 협업하며 '글쓰기 문화 학교'라는 브랜드를 구축했습니다. 학생들은 자신의 이야기를 책으로 출판하고, 교사는 '글쓰기 교육 전문가'로 자리매김하게 되었습니다. 이 프로젝트는 학부모의 큰 호응을 얻었고, 일부 지역 언론에도 소개되며 학교 전체의 이미지 개선에도 긍정적인 영향을 미쳤습니다.

이처럼 교사의 수업 관심사가 실천 프로젝트로 확장되고 외부 자원과 연계되며 브랜드 정체성을 강화하는 흐름은, 교육 안팎에서 새로운 기회를 창출하는 선순환 구조를 형성합니다.

커뮤니티와 함께 키우는 브랜드 가치

공동 브랜드 프로젝트의 강점은 지속 가능성입니다. 학교 내부 자원을 넘어 마을 도서관, 진로 교육센터, 청년 창업가 등과의 협업은 브랜드 실천 범위를 확장시킵니다. 특히 교사가 중심이 된 커뮤니티 활동은 교육 철학을 지역사회와 공유하는 중요한 연결 고리가 됩니다.

다음은 실제 사례를 바탕으로 정리한 공동 브랜드 프로젝트 유형입니다.

[표 24] 공동 브랜드 프로젝트 유형

프로젝트 주제	협업 주체	브랜드 목적	확장 효과
마을 지도 만들기	지역 주민, 예술가	지역 이해 교육	지역 브랜드 연계
환경 콘텐츠 개발	생태 해설사	감수성 교육 강화	외부 강의 확장
책 쓰기 출판	지역 출판사	표현력 및 정체성 강화	교사 전문성 강화

해외 공동 프로젝트에서 배우는 교훈

핀란드의 일부 교사들은 '감정 표현을 돕는 놀이'를 주제로 예술단체와 협업하여 아동 정서발달 프로그램을 만들었고, 이는 전 국가 커리큘럼 제안으로까지 이어졌습니다. 이는 단기 성과를 넘는 장기적 브랜드 자산의 대표적인 예시입니다.

이러한 해외 사례는 국내 교육 현장에서도 충분히 응용할 수 있습니다. 예를 들어, 지역 미술관과의 감정 표현 수업, 복지관과 연계한 공감 교육 프로그램 등은 교사의 교육 철학을 담아낸 실천 사례가 될 수 있습니다. 핵심은 협업의 규모가 아닌, 교사가 전하고자 하는 메시지가 명확히 반영된 설계입니다.

교사 일상에서 피어나는 공동 브랜드

공동 브랜드 프로젝트는 특별한 교사만의 것이 아닙니다. 오히려 교사가 자신의 수업 안에서 브랜드의 씨앗을 뿌리고, 외부 자원과 함께 성장시키는 과정에서 자연스럽게 만들어집니다.

작은 관심사에서 시작된 프로젝트가 외부와 좋은 연결을 이루면, 이는 교사 개인뿐만 아니라 학교와 지역사회 전체를 발전시키는 힘이 됩니다. 이때 중요한 것은 교사로서의 철학과 실천 의지입니다. 어떤 작고 평범한 시도라도 철학이 담겨 있다면, 그것은 브랜드가 되어 누군가의 삶을 변화시키는 씨앗이 될 수 있습니다.

제 12 장

브랜드 정체성과 이미지 일관성 유지 전략

"브랜드는 흘러가지만,
본질은 점검해야 한다."

변화 속에서도 흔들리지 않는
교사 브랜드는 자신에 대한
성찰과 점검에서 유지됩니다.

교사의 브랜드는 환경이 바뀌더라도 내면의 일관성으로 유지됩니다. 이를 위해선 정기적인 자기 점검과 유연한 사고가 필요합니다. 예를 들어, 6개월마다 브랜드 키워드를 재정비하거나, 강점 변화에 따라 자기소개 문구를 수정하는 등의 실천이 중요합니다.

이 장에서는 브랜드 정체성을 점검하고 유지하는 전략을 구체적으로 제시합니다.

생각해 볼 질문

Q. 나는 지금 어떤 이미지로 기억되고 있으며, 그것은 내가 바라는 모습과 일치하는가?

12-1 나만의 브랜딩 키워드 유지 전략

교실에서 다시 찾은 '나'라는 브랜드

"선생님, 요즘 수업 분위기 많이 바뀌셨어요. 예전보다 훨씬 더 부드럽고 재미있어요."

6학년 담임인 김 선생님은 학생의 이 말에 잠시 멈칫했습니다. 얼마 전까지만 해도 그는 '원칙과 질서'를 중시하는 단호한 이미지로 알려져 있었습니다. 그러나 AI를 접목한 수업을 시도하면서 교실은 점점 더 역동적이고 개방적으로 변화했고, 그 변화 속에서 그는 스스로에게 물었습니다. "내가 처음 품었던 교육 철학과 지금의 교실 분위기, 과연 이 둘 사이에 일관성은 있는 걸까?"

이러한 질문은 변화하는 시대 속에서도 '나만의 교육자 브랜드'를 유지하고자 하는 많은 교사가 공통으로 겪는 내면의 고민이기도 합니다.

정체성의 중심축을 지키는 힘

브랜딩에서 중요한 것은 겉으로 보이는 이미지보다 일관된 정체성입니다. 교사의 브랜딩 키워드는 '학생 중심 수업', '실천적 인성 지도', '창의적 사고 촉진' 등으로 표현될 수 있으며, 이는 변화 속에서도 흔들리지 않는 방향성을 제공합니다.

예를 들어, 새로운 평가 방식을 도입할 때 혼란스러울 수 있지만, '학생의 성장을 최우선으로 생각한다'라는 핵심 키워드는 어떤 방향으로 나아갈지를 판단하는 기준이 됩니다. 감정적으로 불안정한 상황에서도 이 키워드는 교사에게 중심을 잡아주는 역할을 하며, 교실 안의 신뢰 형성에도 기여합니다.

교육부의 「미래형 교원 역량 보고서(2023)」는 "교사의 교육 정체성은 변화하는 수업 방식과 기술 환경 속에서도 유지되어야 할 핵심 가치"라고 강조합니다. 기술이나 수업 형태가 변하더라도, 교사의 철학과 중심 가치는 더욱 선명하게 드러나야 합니다.

나만의 키워드를 점검하는 질문들

자신의 브랜드 키워드를 점검하려면 다음과 같은 질문들을 스스로에게 던져보는 것이 도움이 됩니다.

- 나는 어떤 교육 철학을 바탕으로 수업을 설계하고 있나요?
- 내 수업을 경험한 학생들은 나를 어떤 키워드로 기억할까요?
- 학부모나 동료 교사가 나를 설명할 때 어떤 표현을 사용할

까요?

· 최근 1년간 내 수업 스타일이나 소통 방식에 어떤 변화가 있었나요?

이러한 질문은 단순히 외형적인 이미지를 가꾸는 차원을 넘어서, 내면에 자리한 철학과 가치를 브랜드 언어로 정제하는 과정입니다. 그것이 바로 흔들림 없는 교사의 브랜드를 구축하는 토대가 됩니다.

리브랜딩은 정체성의 재조명

브랜딩은 고정된 이미지를 고수하는 것이 아니라, 핵심은 유지하되 시대에 맞게 표현을 조정하는 유연성이 필요합니다. 리브랜딩은 자신의 정체성을 바꾸기보다는 새로운 언어와 방식으로 되살려 보여주는 일입니다.

예를 들어, '엄격함'을 강점으로 여겼던 교사가 이를 '일관된 지도력'으로 바꾸어 표현하면, 디지털 환경에서도 '신뢰받는 리더'로 인식될 수 있습니다. 이는 변화에 맞게 표현을 조정하면서도 본래의 가치를 유지하는 효과적인 전략입니다.

반면, 중심 철학 없이 유행만 따르게 되면 브랜드의 일관성이 무너지고 신뢰도 역시 떨어질 수 있습니다. 결국 리브랜딩은 나를 바꾸는 것이 아니라, 나의 정체성을 더 잘 전달하는 방식이라는 점을 잊지 말아야 합니다.

교실 실천이 말해주는 브랜드

서울의 한 초등학교에 근무하는 강 선생님은 자신을 "아이들의 이야기 파트너"로 정의하며, 수업마다 짧은 이야기 나누기 활동을 고정 루틴으로 실천하고 있습니다. 이 작은 실천은 학생들에게 '선생님은 나를 이해하려고 노력하는 사람'이라는 인식을 심어주었고, 학부모들에게는 '소통 중심의 교사'라는 이미지로 각인되었습니다. 브랜드는 교실에서 반복적으로 실천되는 행동을 통해 형성되며, 교사의 상호작용과 수업 운영이 일관되면 깊은 신뢰와 존중을 얻게 됩니다.

변해도 변하지 말아야 할 것

AI, 디지털 수업, 교육과정 개편 등 교육 환경은 끊임없이 변화하고 있습니다. 그러나 진정한 브랜드는 이러한 변화 속에서도 지켜야 할 핵심 가치와 태도를 고스란히 담고 있어야 합니다.

브랜딩 키워드를 다시 점검해보는 일은 단지 외형을 다듬는 것이 아니라, 교사로서의 나 자신을 다시 붙잡는 과정이기도 합니다.

당신은 어떤 키워드로 기억되고 싶으신가요?

12-2 브랜드 흔들림을 방지하는 심리적 점검법

정체성을 잃은 교실, 혼란 속에서 길을 찾다.

"요즘 제 수업이 뭔가 허전해요. 아이들 반응도 예전 같지 않고, 저도 자꾸 자신감이 떨어지네요."

중학교 국어 과목을 담당하고 있는 박 선생님은 어느 날 동료에게 속내를 털어놓았습니다. AI 기반 수업 도입 이후 영상 자료와 학습 도구는 늘었지만, 정작 자신이 중요하게 여겨오던 '질문 중심의 수업' 철학은 점점 흐려지고 있음을 느꼈다고 합니다.

교사의 브랜드가 흔들리는 순간은 거창하게 다가오지 않습니다. 변화의 바람 속에서 중심을 잡지 못하면, 자신도 모르게 방향을 잃게 되는 경우가 많습니다. 작은 무게중심의 흔들림이 곧 교실 전체의 분위기와 교사의 자존감에 영향을 미치는 것이지요.

변화에 유연하되, 핵심 정체성은 단단히 지켜야 합니다.

교사의 브랜드는 외형이 아닌 내면의 신념에서 비롯됩니다. '나는 왜 교사인가?', '어떤 가치를 중심으로 수업을 이끌 것인가'에 대한 확고한 자기 인식이야말로 브랜드의 핵심입니다.

급변하는 교육 현장 속에서 다양한 트렌드와 기술은 끊임없이 등장합니다. 그러나 그 변화 속에서도 흔들리지 않기 위해서는 스스로의 정체성을 정기적으로 점검하고, 심리적으로 균형을 유지하는 루틴이 필요합니다.

2023년 국내 한 교원연수원 조사에 따르면, 자신의 교육 철학을 명확히 인식한 교사들은 그렇지 않은 교사들에 비해 수업에 대한 몰입도와 학생 만족도에서 평균 27% 더 높은 평가를 받았습니다. 이는 단순한 이미지 관리가 아니라, 내면의 정체성이 외부에 안정적으로 드러날 때 교실의 신뢰와 연결이 깊어짐을 시사합니다.

흔들리지 않는 정체성을 위한 자가 점검 질문

정체성의 흔들림을 예방하기 위해서는 스스로에게 던지는 질문이 필요합니다. 아래의 자가 점검 문항을 주기적으로 활용해보세요:

· 최근 수업에서 나의 교육 철학이 분명히 드러났는가?
· 새롭게 도입한 교육 도구나 방식이 나의 핵심 가치와 조화를 이루고 있는가?

· 학생들이 내 수업을 어떻게 기억할지, 내가 바라는 이미지와 일치하는가?

· 변화의 중심에서 나는 여전히 '나답게' 서 있는가?

이 질문들은 단순한 반성이 아니라, 나의 브랜드 정체성을 재확인하고 다듬는 실천입니다. 특히 브랜딩 전략을 재정비해야 할 시점에는 외형의 수정보다 먼저 핵심 가치를 점검하는 것이 우선입니다.

이러한 점검은 단지 생각에 그치지 않습니다. 실제로 자신의 수업과 철학을 다시 돌아본 후, 소소한 조정을 통해 정체성을 더욱 또렷하게 드러낸 교사들의 변화 사례는 깊은 울림을 줍니다.

교실 속 리브랜딩: 변화를 껴안되 잃지 않는 것

초등학교 5학년 담임 김 선생님은 오랫동안 '감정 중심의 교실 대화'를 수업의 핵심으로 실천해왔습니다. 그러나 팬데믹 이후 비대면 환경에 적응하면서 자신의 수업이 점점 기계적으로 변하고, 감정의 교류가 사라지고 있음을 느꼈다고 합니다.

이에 그는 기존의 가치를 회복하기 위해 매일 수업 시작 전에 '감정 일기'를 쓰는 시간을 마련했습니다. 단 5분의 이 시간이 학생들과의 관계를 회복시켰고, 교실은 다시 살아났습니다. "기술은 도구일 뿐, 결국 교실은 사람과 감정이 오가는 공간이어야 하니까요."

이 사례는 브랜딩 전략의 재조정이 외형의 변화가 아니라, 표현 방식의 조율이라는 점을 잘 보여줍니다. 교사의 핵심 가치는 그대로 두고, 변화하는 환경에 맞춰 전달 방식만 다듬는 것이 바로 지속가능한 브랜드의 길입니다.

리브랜딩의 본질은 '재정렬'입니다.

미국 스탠퍼드 교육대학의 2021년 보고서에서는 다음과 같이 설명합니다. "진정한 리브랜딩은 기존 정체성을 포기하는 것이 아니라, 그것을 새로운 시대의 흐름 속에 맞게 재배열하는 것이다."

교사에게도 이 말은 그대로 적용됩니다. SNS, AI, 디지털 수업 자료 등 새로운 도구는 계속해서 등장하지만, 그 안에서 지켜야 할 '교사다움'은 절대로 변하지 않습니다. 시대가 달라져도 중심 가치를 잃지 않는 것이 진정한 브랜드의 기반입니다.

자신에게 다시 묻는 것에서 시작됩니다.

교사 여러분, 교육은 앞으로도 끊임없이 변화할 것입니다. 그러나 우리가 잊지 말아야 할 것은 '왜 이 일을 시작했는가'에 대한 기억입니다. 그 기억은 브랜드의 뿌리이며, 정체성이 흔들릴 때마다 돌아올 수 있는 안전한 나침반이 됩니다.

외부 환경이 아무리 요동쳐도 나의 교사다움을 지키는 것, 그것이 바로 지속가능한 퍼스널 브랜딩을 실현하는 길입니다.

12-3 리브랜딩 시 고려사항과 사례

리브랜딩은 변화 속에서도 본질을 지키고, 자신의 교육 철학을 더 명확하게 표현하는 전략적 선택입니다. 특히 교사에게 리브랜딩은 단순한 외형 변경이 아니라, 교육적 정체성을 시대에 맞춰 재조명하는 기회가 될 수 있습니다.

익숙함을 벗고, 본질을 남기다.

"20년 동안 사용하던 PPT 템플릿과 수업 제목을 바꿨더니, 학생들이 '선생님이 갑자기 너무 달라졌어요'라고 하더군요. 그 순간, 겉모습은 바뀌었지만 제 수업의 핵심 감동은 지켜야 한다는 걸 깨달았어요."

서울의 한 중학교 국어 교사인 최 선생님은 23년의 교육 경력을 쌓으며 수업 자료와 전달 방식을 완전히 재정비했습니다. 하지만 이 변화는 단순한 외적인 변화가 아니었습니다. 그녀는 사고력을 키우는 질문 중심의 수업 철학을 유지하면서, 디지털 도구를 활용해 리브랜딩에 도전했습니다.

이 사례는 리브랜딩이 단순히 눈에 띄는 변화가 아니라, 핵심 가치를 더욱 분명하게 전달하기 위한 정교한 조정 과정이라는 점을 잘 보여줍니다. 겉모습은 얼마든지 바뀔 수 있지만, 교육의 중심축은 더욱 또렷하게 드러나야 합니다.

리브랜딩의 핵심: 정체성 중심 전략

리브랜딩은 흔히 외형의 변화를 의미하는 것으로 받아들여지지만, 진정한 목적은 교사로서 핵심 정체성을 시대 흐름에 맞게 재표현하는 데 있습니다. 교사의 브랜드는 로고나 색상이 아니라, '가르침의 철학', '수업 방식', '학생과의 관계 맺기' 등 본질적인 요소들로 구성됩니다.

교육부의 2023년「교사 전문성 제고를 위한 기초조사 보고서」에 따르면, "교사의 자아 인식 수준이 높을수록 브랜드 일관성 유지와 대외적 신뢰도 간의 상관관계가 높게 나타난다"라고 밝혔습니다. 이는 리브랜딩이 정체성을 바꾸는 것이 아니라, '나는 누구인가'를 더 명확하게 드러내는 과정임을 시사합니다.

리브랜딩 전, 스스로에게 던져야 할 질문

리브랜딩을 고민하는 교사라면 아래의 질문을 통해 자신의 현재 위치와 방향성을 점검해보는 것이 좋습니다.

- 나는 학생과 동료들에게 어떤 모습으로 기억되고 있는가?
- 교육 신념은 시간과 환경이 바뀌어도 유지되고 있는가?
- 이번에 변화하려는 요소는 나의 본질과 연결되어 있는가?
- 이 변화는 유행을 따르는가, 아니면 철학을 더 잘 드러내기 위한 것인가?
- 내 수업 철학을 더 효과적으로 전달하기 위한 새로운 도구는 무엇인가?

이러한 질문은 변화의 목적과 방향을 명확히 하여, 정체성에 기반한 리브랜딩이 되도록 돕습니다.

교실 속 리브랜딩 실천 사례

부산의 한 고등학교 생물 담당 김 선생님은 10년 넘게 유지해오던 설명 중심 수업 방식에서 벗어나, 인터랙티브 퀴즈와 짧은 영상 기반의 수업으로 전환했습니다. 이 변화는 단순한 기술 도입이 아니라, "학생이 질문하고 탐색하는 수업"이라는 교육 철학을 실현하기 위한 방식의 재구성이었습니다.

형식을 바꾸긴 했지만, '탐구 중심 수업'이라는 본질은 변함없이 지켰습니다. 이렇게 효과적인 리브랜딩은 단순히 외형을 새롭게 바꾸는 것을 넘어, 그 본질을 더 잘 전달할 수 있도록 내용을 재구성하는 과정이라고 할 수 있습니다.

앞서 예로 든 국어 선생님과 생물 선생님 모두 형식의 변화를 통해 보다 효과적인 소통 방식을 찾아냈지만, 각자의 교육 철학과 정체성은 분명히 유지하면서 오히려 브랜드가 더 견고해졌습니다.

정체성을 확장하는 리브랜딩 마무리

리브랜딩의 궁극적인 목적은 외형을 새롭게 하는 것이 아니라, 내면의 진정성과 철학을 더 분명하게 전달하는 것입니다. 특히 빠르게 변하는 교육 환경 속에서 교사는 시류에 휩쓸리지 않으면서도 적절히 반응할 수 있어야 합니다.

외적인 변화가 내적인 신념과 맞물릴 때, 교사의 브랜드는 더욱 신뢰를 얻게 되며 지속 가능한 성장의 기반이 됩니다. 리브랜딩은 외양에서 시작되지만, 진심에서 완성됩니다.

실천 중심
교사 퍼스널 브랜딩 워크북

"이제, 생각을 넘어 실천의 장으로."

워크북 A-1 자기 진단 체크리스트

워크북 A-2 교사 브랜딩 스토리 작성 훈련장

워크북 B 브랜딩 실천 계획

워크북 C 콘텐츠 제작 및 플랫폼 활용 도구

워크북 D 실습 중심 AI 도구 추천 워크북

워크북 A-1 브랜딩 자기 진단 워크시트

■ 워크북 사용 안내

이 체크리스트는 교사 퍼스널 브랜딩의 준비 정도를 점검하고, 다음 실천 방향을 설계하기 위한 '자기 점검 도구'입니다.

각 항목을 체크((✔)하며 현재의 위치를 파악하고, 요약표에 따라 실천 계획을 함께 구성해보세요.

1. 나의 브랜드 인식 점검하기

☐ 퍼스널 브랜딩이 단순한 '외적 홍보'가 아니라, '내면의 가치 표현'임을 이해하고 있다.

☐ '교사로서의 나'와 '사람으로서의 나' 사이의 연결을 의식한 적이 있다.

☐ '브랜드는 내가 남긴 인상'이라는 관점을 알고 있다.

2. 브랜드 구성요소 진단하기

☐ 나만의 교육 철학을 한 문장으로 표현할 수 있다.

☐ 수업 스타일, 피드백 방식에 일관된 색깔이 있다.

☐ 타인의 인식(학생, 동료, 학부모)과 내 브랜드 이미지가 비슷하다.

브랜드 요소	현재 모습 (자유 기술)	개선 아이디어
철학		
수업 방식		
관계 스타일		

3. 브랜드 표현 경험 돌아보기

- ☐ 교육 경험, 철학, 수업 이야기를 외부에 공유한 경험이 있다.
- ☐ 나의 교육 철학을 SNS, 블로그 등에서 지속적으로 표현하고 있다.
- ☐ 나의 '교사 스토리'를 글이나 말로 정리한 적이 있다.

✍ 한 줄로 생각 써보기

- "나는 '_____한 교사'로 기억되고 싶다."
- "내 수업이 특별한 이유는 _____ 때문이다."

4. 브랜드 유지 루틴 진단하기

- ☐ 3개월 단위로 수업/콘텐츠를 점검하거나 리마인드 하는 루틴이 있다.
- ☐ 정기적으로 '나는 어떤 교사인가'를 점검하는

리플렉션 시간을 갖는다.

☐ 브랜드 방향성이 장기적으로 유지 가능하다고
느낀다.

점검 항목	✔	메모	다음 행동 추천
방향성 점검 루틴			루틴 캘린더 만들기
피드백 수용 실천			동료 리뷰 요청하기
브랜드 재정비 주기			리마인드 월 정하기

5. 다음 실천 계획 정리하기

실천 영역	현재 상태	앞으로의 목표	시작 시기
수업 내 브랜드 구현			
온라인 브랜딩 실천			
관계 기반 브랜딩			

워크북 A-2 나의 브랜드 스토리 쓰기 워크북

▣ 워크북 사용 안내

A-2 브랜딩 스토리 작성 훈련장은 나만의 교육 철학과 브랜딩 스토리를 글로 정리하고 표현하는 실습 공간입니다. 질문, 템플릿, 예시를 활용하여 진정성 있는 나의 브랜드 이야기를 구성해 보세요.

1. 나의 교육 여정 돌아보기

시기	주요 사건 또는 경험	배운 점 요약
입문기	예: 첫 담임반의 실패 경험	공감의 필요성 인식
성장기	예: 혁신수업 도전	실패도 성장의 일부
전환기	예: 교육 철학 재정립 계기	나만의 수업관 발견

✎ 문장 완성 연습

"내가 교사가 된 이유는 _____.

그러나 실제 교실에서는 _____

이후 '나는' (   )를 통해 (   )이라는 철학을 품게 되었다."

2. 나의 교육 철학 정리하기

✍ 질문에 응답해 보세요:

- 내가 아이들에게 전하고 싶은 핵심 메시지는? →

  _____

- 내가 추구하는 가치 세 가지는? →

  _____

- 나의 수업은 학생에게 어떤 영향을 주는가? →

  _____

□ 정리 문장 프레임

"저는 학생들이 _____할 수 있도록 수업을 설계하며, 관계에서는 _____을(를) 가장 중요하게 여깁니다."

3. 브랜드를 보여준 수업 이야기

구성 요소	작성 가이드
상황	언제, 어떤 교실 상황이었는가?
행동	당신은 어떤 판단과 행동을 했는가?
결과	학생 혹은 수업에 어떤 변화가 있었는가?
브랜드 연결	어떤 가치/키워드가 드러났는가?

✍ 예: "배려"를 실천한 수업 상황, "도전"을 선택한 수업 사례 등으로 구체화

4. 브랜드 키워드와 이미지 은유

키워드	내 경험 연결 문장	시각적 은유(상징 이미지)
예: 신뢰	학생의 말에 귀 기울인 일화	단단한 나무, 열린 귀
예: 변화	수업 방식의 전환 도전	나비, 출발선

5. 나만의 브랜드 스토리 완성하기

□ 브랜드 스토리 작성란

"저는( )"이라는 철학을 바탕으로 학생과 수업을 만들어 가는 교사입니다.

특히 한 경험을 통해 브랜드 키워드인 ( ),( )을 실천하고 있습니다.

앞으로 저는 ( ), ( )한 교사로 기억되길 바랍니다."

6. 브랜드 표현 연습하기

□ 나는 1분 이내로 내 브랜드를 말로 소개할 수 있다.

□ 수업 소개 슬라이드나 카드 뉴스로 나를 표현한 적이 있다.

□ 브랜드 키워드를 시각적으로 표현해보고 싶다.

✍ **1분 말하기 대본**

"저는 _____한 철학을 가진 교사입니다. 수업은 _____하
며, 관계는 _____으로 풀어갑니다."

✍ **최종 되돌아보기**

· 나의 브랜드를 통해 무엇을 전하고 싶었나요?

· ⇒ _____

· 이 스토리를 다른 사람이 들었을 때 어떤 이미지를 느
  낄까요?

⇒ _____

· 내일부터 바로 실천할 수 있는 한 가지는 무엇인가
  요?

⇒ _____

워크북 B 브랜딩 실천 계획
― 나만의 실천 전략을 구체화하는 워크북

이 워크북은 본문에서 학습한 내용을 바탕으로 나만의 브랜딩 실천 전략을 구체화하고 실행으로 옮길 수 있도록 돕는 실전 훈련장입니다. 설명은 최소화하고, 체크리스트와 실습표 중심으로 구성하였습니다. 교사로서의 고유한 정체성을 드러내고, 교육 현장에서 바로 활용 가능한 브랜딩 계획을 세워보세요.

□ 브랜딩 실천 여정 개요

단계	제목	목적 요약
STEP 1	나의 현재 위치 진단	나의 브랜딩 수준 자가 점검
STEP 2	브랜딩 키워드 정의	핵심 메시지 3가지 도출
STEP 3	30일 실천 캘린더	브랜딩 실천을 일상으로 연결하기
STEP 4	브랜딩 포트폴리오 정리함	브랜딩 자산 정리
STEP 5	성과와 피드백 루프	다음 단계 설계하기

□ STEP 1. 나의 현재 위치 진단
아래 항목을 체크하고, 내 생각을 짧게 정리해보세요.

항목	상태 점검 (✔)	간단한 메모
나의 강점을 3문장 이내로 말할 수 있다	☐ 예 ☐ 아니오	예: 책임감 있는 소통형 교사
SNS나 블로그에 콘텐츠를 1회 이상 업로드했다	☐ 예 ☐ 아니오	플랫폼: 블로그
수업 철학이 명확하게 정리되어 있다	☐ 예 ☐ 아니오	핵심어: 협력, 탐구, 존중
주변 동료나 학부모가 나를 특정 이미지로 기억한다.	☐ 예 ☐ 아니오	이미지: 따뜻하고 창의적인 교사

☐ 보완 Tip:'아니오'로 체크한 항목은 STEP 3~5에서 보완 계획을 수립하세요.

☐ STEP 2. 브랜딩 키워드 정의

교사로서 나를 표현할 수 있는 키워드 3개를 선택하고 그 이유를 정리해보세요.

아래 선택 이유는 예시입니다.

브랜딩 키워드	선택 이유
① 참여 중심	학생의 자발적 참여를 유도하는 수업 구조와 운영 방식에 초점을 맞춤
② 관계형 성장	학생·학부모·동료와의 신뢰 속에서 배움이 깊어지는 교실을 지향함
③ 실천적 창의성	아이디어에 그치지 않고, 프로젝트 수업이나 문제 해결 활동으로 실천하는 창의성을 실현함

✍ 나의 키워드 정리 공간

나의 브랜딩 키워드	선택 이유
① _____	
② _____	
③ _____	

□ 참고 카테고리:

- 가치 중심: 배움, 존중, 성장
- 스타일 중심: 창의, 소통, 실험
- 관계 중심: 신뢰, 공감, 협업

□ STEP 3. 30일 브랜딩 실천 캘린더

매일 하나씩 작은 실천을 하며 브랜딩 루틴을 형성해보세요. (예시로 10일 차까지만 정리하였습니다.)

날짜	실천 과제	완료(✔)	메모
1일 차	브랜딩 키워드를 SNS 소개 글에 반영하기	☐	
2일 차	수업 철학을 한 문장으로 정리해보기	☐	
3일 차	수업 중 학생 활동 사진 기록하기	☐	
4일 차	나만의 교실 운영 팁 공유하기	☐	
5일 차	자유 실천 과제: 나의 수업 키워드를 반영한 포스트 작성하기	☐	
6일 차	학부모나 동료 교사에게 받은 긍정적 피드백 정리해보기	☐	
7일 차	수업 장면을 촬영하고 나의 강점이 드러난 부분 찾아보기	☐	

8일 차	학생에게 '우리 교실의 장점'을 한 줄로 받아보고 반영하기	☐	
9일 차	'나만의 수업 철학'에 맞는 수업 팁 카드 뉴스 기획안 작성	☐	
1 0 일 차	내가 참여한 연수나 세미나에서 얻은 인사이트를 짧게 공유하기	☐	

☐ Tip : 중복보다 다양성을, 완벽함보다 꾸준함을 목표로 하세요.

☐ STEP 4. 브랜딩 포트폴리오 정리함

내가 실천한 콘텐츠 중 핵심을 시각적으로 정리해보세요.

- 대표 사진: (예: 수업 발표 중 모습)
- 대표 문장: "학생이 수업의 주인이 되는 교실"
- 키워드 해시태그: #학생 중심 #배움공동체 #창의 융합
- 공유 채널: ☐ 블로그 ☐ 인스타그램 ☐ 유튜브 ☐ 기타

☐ 콘텐츠는 반복 노출될수록 브랜딩 효과가 강화됩니다.

☐ STEP 5. 성과와 피드백 루프

브랜딩 실천 후 얻은 성과와 다음 단계 방향을 정리해보세요.

항목	목표	달성 여부 (✔/□)	피드백 요약	다음 실천 아이디어
월 2회 콘텐츠 업로드	예: 수업 사례 공유	□	조회수 증가	카드 뉴스 제작
1회 이상 브랜딩 사례 발표	예: 교내 연수	□	긍정적 반응	영상 콘텐츠 도전
브랜딩 키워드 유지 점검	예: "창의, 배움, 소통"	□	학생 반응일지	학교신문 기고

마무리 체크리스트 (최종 자기 점검)

□ 이 워크북은 지속적으로 발전하는 나의 브랜딩 여정의 출발점입니다. 필요할 때마다 업데이트해보세요.

워크북 C 콘텐츠 제작 및 플랫폼 활용 도구

"퍼스널 브랜딩은 콘텐츠로 증명된다.

이제 직접 만들어 보고, 세상과 연결해보자."

항목	예시	나의 답변
한 문장 교육 철학	"배움은 관계 안에서 자란다."	
최근 감동적이었던 수업 순간	학생들이 직접 만든 학급 규칙	
다른 교사에게 공유하고 싶은 팁	질문 대신 역할극으로 시작하기	

□ 워밍업 : 나의 핵심 메시지 추출하기

✍ □ 한 줄 핵심

나의 콘텐츠는 내가 가르치는 철학과 순간을 담아야 합니다.

□ 콘텐츠 유형별 실습 메뉴판

난이도별로 선택하여 실습해보세요. (□ 선택한 항목 체크)

① 블로그 글쓰기

단계	활동	실습 과제
[초급]	수업 후기 작성	☐ 가장 기억에 남는 수업 상황을 A4 1장 분량으로 작성
[중급]	교육 철학 스토리	☐ 나의 교육관을 3단 구성으로 정리
[심화]	시리즈 기획	☐ "나만의 수업 이야기"로 3편 시리즈 시작

② 카드 뉴스 만들기

단계	활동	실습 과제
[초급]	1문장 핵심 메시지 카드 만들기	☐ 미리 캔버스 활용 1장 제작
[중급]	3단계 수업 활동 소개	☐ 시작-전개-결과로 3장 구성
[심화]	질문 유도형 카드 뉴스	☐ "당신의 수업엔 왜 웃음이 사라졌을까요?"로 시작해보기

예시 미리보기

☐ 카드 뉴스 샘플 (교사 스토리)

- 카드 1: "질문 하나로 분위기가 바뀐다."
- 카드 2: "수업 전, 아이에게 이런 질문을 던져보세요."
- 카드 3: "아이의 눈빛이 반짝일 때, 수업은 성공입니다."

□ 영상 콘텐츠 실습 (유튜브/쇼츠)

단계	활동	실습 과제
[초급]	1분 이야기 영상	□ 스마트폰으로 수업 이야기 촬영
[중급]	내 수업법 소개	□ 대본 작성 후 목소리 녹음
[심화]	짧은 강의 콘텐츠	□ 슬라이드 + 나레이션 영상 완성

□ Tip :

• 말투는 또박또박, 표정은 자연스럽게

• 배경 소음은 줄이고 조명은 밝게

□ 나에게 맞는 플랫폼은? (성향별 가이드)

성향	추천 플랫폼	업로드 실습
글쓰기를 좋아함	브런치, 티스토리	□ 블로그 개설 후 글 1편 등록
감각적인 이미지 표현 선호	인스타그램, 네이버포스트	□ 카드 뉴스 1건 업로드
말하기에 자신 있음	유튜브, 네이버TV	□ 1분 영상 제작 후 테스트 업로드
검색 노출을 원함	네이버 블로그	□ 교사팁 1편 글 발행

✍□ 한 줄 핵심

플랫폼은 내 장점과 브랜딩 목적에 맞춰 선택해야 합니다.

□ 콘텐츠 루틴 만들기 (꾸준한 훈련)

요일	활동	예상 소요 시간	체크
월	아이디어 정리	30분	□
화	초안 작성	1시간	□
목	디자인 및 영상 편집	45분	□
금	업로드 + 공유	30분	□

✍ □ 루틴 메모:

이번 주 내가 만든 콘텐츠는?

  □ 제목: _____

  □ 성찰 메모: 어떤 점이 가장 뿌듯했는가?

□ 공유와 피드백 전략

콘텐츠를 공유하고 소통할수록 브랜딩 효과는 커집니다.

✔□ 공유 팁

  • "이런 경험 있으신가요?"로 독자의 반응 유도

  • 동료 교사에게 링크 공유 후 의견 요청

✔□ 피드백 수집법

  • 댓글 3개 이상 받은 콘텐츠 다시 분석

  • 피드백 중 반복되는 키워드는 내 브랜딩 키워드

□ 콘텐츠 성장 추적 표 (3주간 점검)

주차	콘텐츠 수	독자 반응	내 만족도
1주 차		□ 좋음 □ 보통	□ 높음 □ 아쉬움
2주 차		□ 좋음 □ 보통	□ 높음 □ 아쉬움
3주 차		□ 좋음 □ 보통	□ 높음 □ 아쉬움

□ 3주 후 나는 어떤 콘텐츠를 계속 만들고 싶은가요?

□ 최종 점검 체크리스트

- □ 나만의 콘텐츠 주제를 정했다.
- □ 하나 이상의 형식을 실습해봤다.
- □ 실제로 업로드하고 공유해봤다.
- □ 피드백을 수집하고 반영했다.
- □ 꾸준한 루틴을 구성했다.

이 도구는 실습을 중심으로 구성하여, 사용자가 주도적으로 시도하고, 개선하며, 자기 콘텐츠를 쌓아갈 수 있는 훈련 공간이 되도록 설계했습니다.

워크북 D 실습 중심 AI 도구 추천 워크북

- 퍼스널 브랜딩을 실현하는 나만의 훈련장 -

1. 워크북 사용 안내

※ 이 부분은 앞장에서 제시된 퍼스널 브랜딩 이론과 사례를 실제로 실행해보는 실천형 자료입니다.

본문에서 언급된 도구와 개념은 이곳에서 나만의 방식으로 구체화하고, 반복 실습을 통해 체화됩니다. 이 워크북은 '열정 교사의 AI 시대 퍼스널 브랜딩 전략'을 실제로 행동으로 옮기기 위한 실습용 자료입니다.

2. 브랜딩 단계별 AI 도구 정리표

브랜딩 단계	실습 목표 예시	추천 AI 도구	실행 흐름 예시
나의 철학 정립	교육 철학 정리	ChatGPT, Notion AI	질문 입력 → 키워드 추출 → 정리
수업 콘텐츠기획	주간 수업 시퀀스 작성	Curipod, Eduaide.ai	주제 입력 → 활동 초안 생성
이미지/영상 제작	카드 뉴스, 강의 홍보 영상	Canva, Kaiber	템플릿 활용 → 편집 후 저장
브랜드 아카이빙	포트폴리오 정리	Notion, Buffer	활동 정리 → SNS 예약 공유
외부 발표 대응	강의안 요약, 제안서	Copy.ai, Gamma	제안문 초안 생성 → 보완

복잡한 이론 없이, 쓰고, 체크하고, 만들며 배우는 방식으로 구성되어 있으니, 하루 10분씩 활용해보세요.

☐ 필요 준비물: 펜, 스마트폰 또는 노트북, 인터넷 연결
☐ 사용 팁: 하루 하나씩 실습하는 것이 더 효과적입니다.

3. 도구 선택 체크리스트 및 결과 매칭표

☑ 아래 질문에 체크하고 결과 매칭표를 참고해 자신에게 적합한 도구를 골라보세요.

항목	예	아니오
교육 철학을 정리한 글이 있는가?	☐	☐
수업 지료 제작에 많은 시간이 드는가?	☐	☐
수업 결과나 활동을 외부에 공유하는가?	☐	☐
Canva나 Notion을 사용해본 적이 있는가?	☐	☐
AI 도구가 아직 낯선가?	☐	☐

☐ 결과 매칭표 예시

- 1번 '예' → ChatGPT, Notion 추천
- 2번 '예' → Eduaide.ai, Gamma 추천
- 3번 '예' → Canva, Buffer 추천

4. 실습 과제 ① 나의 브랜드 철학 카드 만들기

1) 다음 질문에 답해보세요.

- 내가 교육자로서 가장 중요하게 여기는 가치는 무엇인가요?

  □ _____

- 학생이 나를 기억하길 바라는 모습은 무엇인가요?

  □ _____

- 내가 가르치는 방식을 한 문장으로 표현한다면?

  □ _____

2) 템플릿에 정리해보세요.

[나의 브랜드 철학 카드]

□ 핵심 가치 : _____

□ 교육 철학 한 문장 : _____

□ 기억되길 바라는 모습 : _____

□ 예시

　□ 핵심 가치: 성장에의 동기부여

　□ 교육 철학: "학생이 배움의 주인공이 되는 수업을 지향합니다."

　□ 기억되길 바라는 모습: 질문을 잘 들어주는 따뜻한 교사

　　이 카드를 아래에 활용해보세요.

□ 블로그 소개 글

□ 외부 강의 포트폴리오

□ SNS 소개 문구

5. 실습 과제 ② 수업 콘텐츠 자동화 실습

□ 도구: Eduaide.ai 또는 Curipod

□ 과제: 내가 준비 중인 수업 주제를 입력해 AI가 제안하는 수업 개요를 검토하고 수정해보세요.

• 수업 주제: _____

• 입력한 키워드:

_____

• AI가 제안한 활동 예시 중 좋은 항목:

_____

• 수정 및 활용 아이디어:

_____

6. 나의 실천 리포트 (1주 단위)

날짜	도구 이름	실행한 작업	느낀 점 또는 개선점

7. 실천 다짐 카드

- 오늘 가장 도움이 된 도구는?

  ☐ _____

- 다음 주에 꼭 한번 활용해보고 싶은 도구는?

  ☐ _____

- 이 워크북을 마친 내 느낌 한마디:

  ☐ _____

8. AI 도구 사용 시 유의사항

- AI가 제공하는 답변은 맥락을 완벽히 반영하지 못할 수 있습니다.
- 생성된 콘텐츠는 반드시 교사 자신의 철학과 실제 수업 상황에 맞게 수정·보완해 사용하세요.
- 개인 정보나 민감한 학습자 정보는 입력하지 않도록 주의하세요.

이 워크북은 '배우는 교사'가 아닌 '실천하는 교사'를 위한 훈련장입니다. 도구는 이미 당신의 손에 있습니다. 지금 시작해보세요!

맺는말

교사의 퍼스널 브랜딩, 교육의 미래를 열다.

이름을 넘어 가치를 전하는 브랜딩

누구나 이름을 가지고 태어납니다. 그러나 그 이름이 어떤 가치를 지니는지는 각자의 삶의 방식에 달려 있습니다. 교사의 이름도 마찬가지입니다. 교사는 단순히 교단 위에 서 있는 사람이 아닙니다. 학생들의 인생에 잊히지 않을 흔적을 남기는 존재, 그 것이 바로 우리가 지향해야 할 열정적인 교사의 모습입니다. 퍼스널 브랜딩은 이 여정을 의식적으로 설계하고 실천하는, 즉 '나다운 교사로 성장하는 길'을 걸어가는 실천이자 철학입니다.

브랜딩은 '어떤 교사로 인식되고 싶은가'에 대한 자기 성찰에서 시작됩니다. 수업 방식, 학생과의 관계 맺기, 가치관과 소통의 방식 등은 모두 브랜딩을 구성하는 요소입니다. 이러한 실천들이 일관성을 가지고 쌓일 때, 교사의 이미지는 단순한 역할을 넘어서 강력한 메시지로 완성됩니다. 그것이 바로 브랜드입니다.

예를 들어, 어떤 교사는 학생들에게 '항상 귀 기울여주는 선생님'으로 기억되기도 하고, 또 다른 교사는 '도전 의지를 자극하는 수업을 이끄는 선생님'으로 각인됩니다. 교사의 브랜딩은 시간이 지날수록 더욱 견고해지는 정체성이며, 내면의 철학과 외적 실천을 하나로 이어주는 다리입니다. 이 힘은 단순한 전문성을 넘어서 학생과의 관계 속에서 형성된 신뢰의 결정체입니다.

그렇기에 브랜딩은 직책이나 경력 이상의 의미를 갖습니다. 어떤 가치로 교육을 실천해왔는지, 어떤 사람으로 기억되고 싶은지를 고민하고 실천한 흔적이 바로 브랜드가 되는 것입니다.

브랜드, 세상과 소통하는 교사의 철학

브랜드는 눈에 보이지 않지만 뚜렷하게 느껴지는 교사의 존재감입니다. 그것은 단지 대중적 인지도가 아니라, 교사가 어떤 교육 철학을 가지고 어떻게 실천하느냐에 따라 자연스럽게 형성되는 신뢰의 결과입니다. 학생들이 기억하는 말투, 태도, 수업 분위기, 교육적 결정의 일관성 등이 브랜드의 실체를 이룹니다.

진정한 브랜드는 겉으로 드러나는 이미지를 넘어, 내면의 철학에서 비롯됩니다. 무엇을 가르치느냐보다 어떻게 살아가며 가르치느냐가 중요합니다. 브랜드는 성과가 아닌 영향력이며, 이는 교육 생태계 전반에 긍정적인 파장을 일으키는 힘이 됩니다.

어느 날 졸업생이 찾아와 "선생님이 저를 믿어주신 그 순간이 아직도 제 인생의 전환점이었어요"라고 말할 때, 우리는 열정교사의 브랜드가 사람의 마음에 얼마나 깊은 울림을 남기는지 깨닫게 됩니다. 브랜드는 화려한 것이 아닙니다. 반복된 진심과 일관된 태도가 만들어내는 신뢰의 총합입니다.

그리고 이 브랜드는 말없이 학생을 변화시키고, 교사를 교사답게 성장시키는 원동력이 됩니다. 결국 교사의 브랜드는 아이들의 삶에 씨앗을 뿌리는 일이자, 자신의 교육 여정을 증명하는 발자취입니다.

브랜딩, 변화의 흐름 속 정체성을 지키는 힘

AI와 디지털 기술의 비약적인 발전은 교육 현장을 빠르게 변화시키고 있습니다. 이제 교사는 과거의 지식 전달자를 벗어나 학생과 소통하며 성장을 돕는 창의적 설계자로 자리매김하고 있습니다. 스마트 기기와 AI 기반 피드백 시스템 등 다양한 도구들은 교사의 역할을 더욱 다채롭게 하고 있습니다.

이런 변화 속에서도 교사는 스스로에게 묻습니다. "나는 어떤 교사로 남고 싶은가?" 기술이 아무리 발전해도 교사의 신념과 정체성은 대체될 수 없습니다. 오히려 기술이 발달할수록 교사의 철학과 가치는 더욱 중요해지고 있습니다. 퍼스널 브랜딩은 열정 교사로서 흔들림 없이 중심을 잡고 교육 철학을 실천하도록 돕는 나침반입니다.

브랜딩은 교사 간 소통을 돕는 중요한 언어이기도 합니다. 자신의 철학을 드러내는 교사는 동료에게 긍정적인 영향을 미치며, 교육 문화를 풍요롭게 합니다. 결국 퍼스널 브랜딩은 교실 안팎에서 나다운 교사로 살아가는 힘이자, 교육 공동체를 잇는 고리입니다.

브랜딩, 교사로 살아간다는 것의 의미

교사는 늘 자문합니다. "나는 어떤 교사로 기억되고 싶은가?" 퍼스널 브랜딩은 이처럼 본질적인 질문에서 시작합니다. 이는 보여주기 위한 것이 아니라 의미 있는 삶을 설계하고 실천하는 과정입니다. 이 여정의 결과가 바로 브랜드입니다.

브랜딩은 자신의 강점을 일관된 말과 행동으로 표현하며 신뢰를 쌓는 일입니다. 교실 안팎에서 실천하는 이러한 과정이 교사의 영향력을 넓히고 진정한 교육 변화를 이끕니다. 결국 열정 교사 한 사람의 작은 실천이 큰 변화를 만듭니다.

자신을 드러내는 일은 두렵지만, 짧은 글이나 작은 실천에서도 시작할 수 있습니다. 그렇게 쌓인 실천이 교사의 고유한 스토리가 되어 울림을 줍니다. 이것이 바로 '나다운 교사로 성장하는 길'입니다.

이 길은 끝이 없습니다. 교사는 끊임없이 배우고 실천하며 브랜드를 다져갑니다. 지속적인 성찰과 실천이 바로 퍼스널 브랜딩의 본질이며, 그것이 교육 유산이 됩니다.

교육의 미래, 당신의 브랜드에서 시작됩니다

지금, 이 순간에도 교실은 변화의 흐름 속에 있습니다. 그러나 학생들이 진정으로 따르고 믿는 것은 기술이나 매체가 아니라, 진심과 철학을 지닌 한 명의 교사입니다. 교사의 브랜딩은 감성, 통찰, 그리고 삶의 방향성을 담아내는 교육의 심장입니다. 그것은 AI가 결코 따라올 수 없는 인간다움의 본질입니다.

학생의 실수 속에 숨겨진 가능성을 발견하고, 그 가능성을 믿어주는 따뜻한 시선 하나. 때로는 백 권의 교과서보다 더 큰 힘을 발휘하는 그 순간이 바로 교사의 브랜딩이 살아 숨 쉬는 장면입니다. 진정성 있는 교사는 학생에게 '닮고 싶은 어른'이자, 함께 걸어가고 싶은 길잡이가 됩니다.

이 글을 읽는 모든 교육자 여러분. 이제 주저하지 마십시오. 열정 교사로서의 철학을 꺼내고, 자신만의 언어로 세상과 소통을 시작하세요. 그리고 그 과정에서 당신만의 브랜드를 천천히, 그러나 확실하게 완성해 나가십시오.

교육의 미래는 '누구처럼'이 아니라, 교실 안팎에서 실천을 통해 '나다운 교사'로서 자신의 브랜드를 완성해 나가는 시대입니다. 교사의 퍼스널 브랜딩, 교실 안팎에서 실천을 통해 새로운 교육의 내일을 함께 열어가세요.

지금, 이 순간, 교육의 변화를 이끌 용기를 가지십시오. 그 첫 걸음은 바로 '나다운 교사'로 살아가는 것입니다. 열정 교사로서의 철학을 꺼내고, 자신만의 언어로 세상과 소통을 시작하십시오. 그 과정에서 당신만의 브랜드를 천천히, 그러나 확실하게 완성해 나가시기 바랍니다.